하루 30분
미국주식 대박나기

The 30-Minute Stock Trader

THE 30-MINUTE STOCK TRADER

하루
30분

미국주식
대박나기

로런스 벤스도프(Laurens Bensdorp) 지음 | 서정아 옮김

감사의 말

부모님 없이는 이 책을 쓰지 못했을 것이다. 2000년 부모님의 허락으로 그분들의 돈을 투자할 수 있었기에 트레이더의 세계로 발을 내딛는 자신감을 얻었고 현재의 위치에 섰다. 나 역시 부모가 되고 보니 자녀 양육이 얼마나 보람되면서도 어려운 일인지 깨닫게 되었고 부모님에 대한 존경심과 감사하는 마음이 한층 더 커졌다. 언제나 나를 북돋워 주신 부모님에게 감사드린다. 그분들을 마음속 깊이 사랑한다.

사랑하는 아내 마들린은 그 누구보다도 나를 잘 이해해주는 사람이며 이 책을 쓰도록 도움을 주고 의욕을 북돋워 주었다. 하루하루 마들린의 사랑과 내적, 외적 아름다움을 누릴 수 있는 특권에 감사한다. 마들린의 끝없는 공감과 이해심은 내가 인생의 사명을 달성하는 데 큰 도움이 된다. 마들린, 사랑해요.

시간을 내어 이 책의 서문을 써준 톰 바소(Tom Basso)에게 특별한 감사의 말을 전한다. 바소와의 대화는 시간 가는 줄 모를 정도로 유익하다. 항상 그의 현명한 조언을 내 뇌리에 새기고 있다. 바소는 투자를 하면서 최고로 멋진 삶을 사는 생활방식을 선택했고 나는 그의 선택을 참고하여 내게 가장 적합한 삶과 투자 방식을 설계할 수 있었다. 톰, 고마워요.

엘리트 멘토링 프로그램의 수강생들에게도 감사한다. 훌륭한 사람들을 가르치는 것은 내게 큰 기쁨을 준다. 그들이 있어 지속적으로 새로운 전략을 개발하고 스스로를 단련하게 된다. 내가 기민함을 유지할 수 있는 이유도 그들 덕분이다. 나는 그들에게서 그들이 상상조차 하지 못할 정도로 많은 것을 배우고 있다.

책임에 대한 고지

이 책에 소개된 방법, 기법, 지표가 무조건 수익을 낸다거나 손실로 이어지지 않을 것이라고 단정해서는 안 된다. 과거의 성과가 반드시 미래의 성과를 보장하지는 않는다. 이 책에 소개된 예시는 교육적인 목적으로만 제공된다. 매매 예시는 어떠한 종류의 매매 권유도 아니다. 저자와 출판사를 비롯한 모든 관계자는 독자의 매매 결과에 대해 책임을 일절 지지 않는다. 투자에는 높은 수준의 위험이 따른다.

가상의 결과나 모의 결과에는 분명히 본질적인 한계가 존재한다. 실제 성과 기록과 달리 모의 결과는 실제 투자의 결과를 반영하지 않는다. 더욱이 예시로 소개된 매매는 실제로 실행되지 않았기 때문에 유동성 부족과 같은 특정 시장요인의 영향을 강조하기 위해 그 결과가 축소되거나 과장되었을 가능성도 있다. 게다가 모의 투자 프로그램은 사후약방문격으로 설계되는 경우가 대부분이다. 이 책은 특정 주식 계좌가 예시와 비슷한 수익이나 손실을 낸다거나 낼 가능성이 크다는 주장을 하지 않는다.

경제적 자유를 얻고 싶은 이들에게

나한테 "투자를 그렇게 잘하면서 사람들을 가르치는 이유가 뭔가요? 당신 돈을 직접 투자하지 않는 이유가 있나요?"라고 질문하는 사람이 많은 것도 이해는 간다. 이 책을 통해 수익을 내는 매매 전략을 공개했다. 권당 20달러도 안 되는 돈에 비결을 공개한 까닭은 무엇일까? 당연히 의아할 만한 일이다. 그래서 솔직하게 대답하고자 한다.

나는 2000년에 투자를 시작했고 최고의 매매 전략을 찾기 위해 수많은 시간과 돈을 쏟아부었다. 입수 가능한 모든 정보를 흡수했음에도 시행착오를 통해 해야 할 일을 깨닫게 되었다. 밖에서 얻을 수 있는 유용한 정보는 많지 않았다. 시행착오를 겪는 과정에서 누군가의 도움을 바랐다. 어떤 사람이 내게 뚜렷한 강점이 있는 전략을 전수해주었으면 했다. 그러나 그런 사람은 존재하지 않았다.

주식매매하는 법을 배우기란 쉽지 않다. 아무리 똑똑하고 열심히 노력하는 사람이라도 주식매매를 배울 때는 몇 년 동안 깊은 물 속에서 허우적대는 것 같은 심정을 느낄 수 있다. 사실 주식매매로 수익을 내는 방법은 간단하지만 우리 인간은 뛰어난 성과를 얻으려면 일을 복잡하게 만들어야 한다고 생각하는 경향이 있다. 차츰 설명하겠지만 완벽한 전략을 찾는다고 해서 주식매매에 성공하는 것은 아니다. 주식매매에 성공하려면 스스로를 철저히 파악하여 자기에게 가장 잘 맞는 전략을 찾아야 한다. 사람은 모두 다르다. 따라서 각자가 자신의 강점, 약점, 성격, 리스크 감내 수준, 개인적인 상황을 파악해야 한다. 주식매매는 사람들의 생각보다 훨씬 더 지루한 과정 위주의 작업이다.

어떤 기량에 통달하기에 가장 좋은 방법은 그 기량을 가르치는 것이다. 흔한 조언 같지만 이때까지 살면서 여러 차례 실감했다. 엘리트 멘토링 수강생들을 가르치면서 내 전략을 점점 더 심층적으로 탐구하게 된다. 그래야 전략을 명확하고 빠짐없이 설명할 수 있기 때문이다. 가르치는 일 덕분에 솔직한 태도와 지식에 대한 갈망을 유지하고 있다. 처음 가르친 이후로 내 지식은 기하급수적으로 불어났고 전략의 결함과 약점 다수를 제거해왔다. 내 수강생들은 내가 아는 한 가장 똑똑한 트레이더에 속한다. 그러한 사람들과 교류하다 보니 내 사고력도 날이 갈수록 명민해지고 있다.

집중력이 뛰어나고 유능하며 생각이 비슷한 사람들을 가르치면서 즐거움을 얻는 데다 수강생들이나 나나 매매 기량을 향상할 수 있으니 완벽한 조합이다.

내 인생의 사명은 다른 사람의 변신을 돕는 것이다. 앞으로 차차 설명하겠지만 내 자신이 수많은 노력과 독학을 통해 오늘날과 같은 트레이더이자 인간으로 변신했기 때문이다. 주식매매는 외로운 작업이고 과정 지향적인 접근법은 성공 가능성은 큰 반면에 지루하기 짝이 없다. 가르치는 일은 그 반대다. 즐거움을 선사하면서도 내 기량을 다듬을 기회를 제공한다. 나는 남들을 돕는 것을 좋아한다. 새 전략과 아이디어를 개발하고 과거의 내 믿음에 도전하는 것을 즐긴다.

젊은 시절 급류 래프팅 강사들에게 수행 능력과 기량을 향상하는

법을 가르쳤다. 그때 남을 돕는 일이 좋고 내게 잘 맞는다는 사실을 깨달았다. 그 후 내가 전략적 매매에 흥미와 소질이 있다는 것을 알게 되었다. 그때부터 내 인생의 사명은 남을 돕는 일과 전략적 매매를 조화시키는 것이 되었다. 내 천직은 각자에게 적합한 전략적 매매 기법을 개발함으로써 남들이 수익을 얻도록 돕는 것이다.

이 책의 모든 전략은 뚜렷한 강점이 있고 본질적으로 단순하며 따라 하기 쉽다. 효과적인 전략일 뿐만 아니라 각자가 자신의 믿음, 목표, 성격, 리스크 감내 수준을 반영하여 완성할 전략의 뼈대이기도 하다. 이 책에 소개된 전략들을 자신에게 가장 적합한 형태로 변형하는 방법은 다양하다. 사람은 모두 다르기 때문에 매매 방법도 달라야 한다.

이 책에 정리된 단계를 따르고 당신만의 독자적인 접근법이 실제로 수익을 낸다는 근거를 확보한다면 당신은 반드시 성공할 것이다. 그 과정을 혼자서 수행하든, 내 가르침을 통해 하든 내 사명은 달성된 셈이다. 당신의 성공을 기원한다. 당신이 성공한다면 큰 기쁨과 보람일 것이다. 이 책을 읽어준 이들에게 감사하고 행운을 빈다.

　더 자세한 내용과 독자만을 위한 혜택은 웹사이트(tradingmast-eryschool.com)에서 확인할 수 있다.

로런스 벤스도프 드림

차례

서문

톰 바소(Tom Basso)

12살에 신문 배달로 번 돈으로 뮤추얼 펀드를 사서 투자를 시작했다. 그로부터 대략 52년이 지난 지금도 투자를 하고 있다. 뮤추얼 펀드, 주식, 선물 상품에 차례로 투자하다가 미국에서 등록 투자 자문사와 상품 거래 자문사를 창업하고 외환을 거래하다가 은퇴하고 현재 내 노후 대비 포트폴리오를 관리하기까지 길고도 보람찬 길을 걸어왔다. 아직도 그 과정에 애착을 느끼고 있다. 나는 새로운 개념을 배우고 다양한 투자 기법을 개발하는 일을 좋아한다.

몇 년 전에 로런스 벤스도프를 만났다. 투자 코치인 반 타프를 접촉한 후 내게도 연락을 한 것이다. 『타이밍의 승부사(New Market Wizards)』를 비롯한 몇 권의 금융 서적에 실린 내 인터뷰를 읽었다고 했다. 벤스도프는 나에 대해 많은 것을 알고 있었지만 나는 그를 잘 알지 못했다. 그러나 그가 애리조나 산맥에 있는 내 여름 별장을 방문했을 때 상황이 바뀌었다. 그와 나는 경제, 투자, 삶에 대해 오랫

동안 대화를 나누었다. 나는 다양한 언어를 구사하고 세계 각국에서 사업적 이해관계와 경험을 쌓은 데다 실패든 성공이든 투자 경험이 풍부한 벤스도프를 보고 '세상 물정에 밝은 사람'이라는 인상을 받았다. 그 후 홍콩에서 그를 만났고 정기적으로 화상 통화를 하고 있다.

나는 벤스도프의 지식이 집약된 이 책을 읽고 싶어 좀이 쑤셨다. 내가 한 번도 해본 적 없는 경험을 풍부히 쌓은 사람이 쓴 책이기 때문이다. 이틀 동안 틈이 날 때마다 자리를 잡고 앉아 이 책을 읽었다. 책을 내려놓을 수 없었다!

벤스도프가 자동화된 매매 전략을 논하는 제2부에는 컴퓨터를 활용하여 개인의 약점을 보완할 때 어떠한 장점이 있는지 요약되어 있다. 컴퓨터를 자기 생각과 감정이 없는 심부름꾼으로 활용하는 것이다. 매매에 대한 논리적 접근법을 컴퓨터에 프로그래밍하면 컴퓨터는 그 논리에 따라 실행한다. 제대로 작동되는 프로그램과 전력이 있는 한 예외는 없다.

제3부에는 자기 점검과 믿음에 대한 뛰어난 통찰이 담겨 있다. 이제까지 '돈은 악한 것'이라고 믿는 사람, 탐욕 말고는 다른 목표가 없는 탐욕스러운 사람, 자산 관리에 1분도 쏟지 않으려는 사람 등을 만났다. 자신의 성격과 믿음을 점검할 준비가 되어있지 않은 사람은 아무리 훌륭한 투자 전략이라도 그 전략을 활용하지 않을 구실을 찾기 때문에 반드시 실패하게 되어있다. 모든 일류 트레이더가 공통으로 지닌 믿음을 요약한 대목은 유익한 읽을거리이며 트레이더들이 여러 차례 다시 읽어 되새겨야 할 부분이다.

제3부에서 벤스도프는 자신만의 맞춤 전략 개발에 공들이는 것이 얼마나 중요한지를 설득력 있게 설명한다. 내 평판을 들은 신참 트레이더들로부터 "매수/매도에 어떤 전략을 활용합니까?"라는 질문을 자주 받는다. 그럴 때마다 그들과 나는 같은 사람이 아니라고 대답한다. 내 지식, 기량, 투자 자본, 투자 경험 등은 그들과 다르다. 다른 사람이 내 방식 그대로 투자하고 싶어 한다는 사실을 이해할 수 없다. 각자에게 잘 맞는 매매 전략을 개발해야지 내 전략을 모방해서는 안 된다고 말한다.

벤스도프가 그다음으로 제3부에서 다룬 내용은 투자 전략의 시스템화다. 일 년 동안의 투자를 가장 큰 수익부터 가장 큰 손실 순으로 정리한 적이 있다. 그러다 일 년 내내 유지한 엔화 거래 덕분에 손익분기점을 벗어나 꽤 큰 한 자릿수 수익을 달성할 수 있었다는 사실을 깨달았다. 다시 말해 내가 그 한 건의 엔화 거래를 중간에 청산하거나 애당초 하지 않았더라면 다른 투자들까지 무용지물이 되었을 것이다. 그때 나는 내 전략을 인간이 할 수 있는 한 가장 완벽에 가깝게 실행에 옮겨야 한다는 사실을 실감했다.

추세추종 매매 전략에서 규칙을 따르는 것이 얼마나 중요한지 알려주는 사례다. 그러나 추세추종 전략이 유일한 매매 전략은 아니다. 벤스도프의 책에 나오는 대로 평균회귀 전략을 선택하는 사람도 있다. 평균회귀 전략을 택하더라도 최대한도로 완벽하게 거래를 실행해야 한다. 그래야 한두 건의 거래에 일년간의 거래가 좌지우지될 가능성이 덜하다. 무엇보다도 자신에게 가장 잘 맞는 전략을 알아내는 것이 중요하다.

인간은 누구나 결함이 있고 가끔 실수를 저지르기 때문에 매매 전략을 완전무결하게 실행하는 것이 불가능하다. 컴퓨터가 필요한 이유가 그 때문이다. 나는 화학 공학 전공자라서 프로그래밍을 수월하게 할 수 있었다. 그래서 매매 시에 취하는 여러 가지 조치를 일련의 프로그램으로 만들어 사실상 나 대신 투자하게 만들었다. 일에서 벗어나기 위해 몇 년 동안 열심히 일한 셈이다. 더 이상 휴가를 가거나 몸이 아플 때 걱정할 필요가 없었다. 자동화된 내 전략이 오류 없이 주문을 실행했기 때문이다.

세상에서 무슨 일이 일어나는지 걱정할 필요도 없었다. 조지 소로스가 영국 파운드화 공매도로 10억 달러에 달하는 수익을 얻은 일은 유명하다. 나 역시 그때 파운드화를 공매도해서 수익을 얻었다. 내가 투자의 귀재이거나 좋은 아이디어가 있어서 수익을 얻은 것은 아니다. 순전히 영국 파운드화가 하락 추세로 돌입했고 프로그래밍된 내 전략이 매도 신호를 산출하더니 공매도를 쳐서 가능한 일이었다. 그 이후 1,000건의 매매 역시 컴퓨터의 의사결정을 통해 실행되었다.

소로스나 다른 유명 펀드매니저가 무슨 조치를 취할지 추측하거나 결정을 내리기 위해 머리를 싸매고 방대한 펀더멘털 데이터를 분석하기만 하다가는 지치고 혼란스러워지며 여러 건의 거래를 하지 못하게 된다. 한마디로 목표 달성에 그다지 도움이 되지 않는다. 이 책에서 벤스도프가 여러 차례 강조한 점이기도 하며 내 생각에 그의 조언은 아주 정확하다.

벤스도프와 내게 금융상품 매매는 숫자로 하는 게임이다. 거래 횟수라는 표본 숫자가 많아질수록 성공을 거둘 가능성도 커진다. 내 매매 전략 가운데 일부는 3분의 2 이상의 손실을 냈다. 그러나 내가 시장에 머무르는 한 그처럼 소소한 손실을 메울 상당한 수익을 낼 수 있었다. 그 과정을 끊임없이 되풀이하다 보니 이따금씩 운이 좋아 한 건의 거래로 엄청난 수익을 얻는 데 그치지 않고 내가 목표한 바에 도달했다.

벤스도프는 제4부에서 자기 자신을 이해하고 성공적인 주식시장 접근법을 설계하는 일이 얼마나 중요한지를 완벽하게 전달한다. 그 중요성을 간과하는 것이 트레이더들이 실패하는 가장 큰 이유 중 하나다. 괜찮은 전략과 리스크 관리 대책을 세우고도 자신의 두려움과 감정을 매매 과정에 개입시키다가 전략을 정확하게 실행하지 못하면 결국 전략이 실패하게 된다. 그때부터 다른 훌륭한 전략으로 갈아타는 과정을 되풀이하다가 큰 좌절을 맛본다. 벤스도프는 쉽게 이해할 수 있는 예시를 들어 각자의 성격에 따라 잘 맞는 매매 전략이 다르며 다양한 전략을 통합하는 것이 효과적임을 설명한다. 나는 본질적으로 추세추종자이지만 모두가 추세추종 전략을 따라야 하는 것은 아니다. 투자의 성공으로 향하는 길은 다양하며 각자가 자기에게 맞는 방법을 찾아야 한다.

벤스도프는 제5부에서 의사 결정 과정을 상당 부분 자동화하면 정해진 전략 한 가지에만 매달릴 필요가 없다는 점을 정확히 짚어낸다. 나는 과거에 6억 달러의 자산을 관리하는 트렌드 스타트 캐피털 매니지먼트(Trendstat Capital Management)를 운영했을 때 개별 투자 분야마다 다양한 전략을 활용하여 주식, 20여 가지 뮤추얼 펀드, 70여 가지 선물 상품, 30여 가지 통화 조합, 10가지 원자재 상품 등을 사고팔았다. 날마다 매매를 실행하는 트레이더는 두 명뿐이었고 그 이외에 나를 비롯해 컴퓨터 전문가 네 명으로 구성된 팀과 행정 지원을 하는 직원 세 명이 있었다. 그리고 우리는 같은 인력으로 그리 비싸지 않은 컴퓨터 서버 몇 대를 추가한 것만으로도 두 배나 많은 매매를 처리하는 확장성을 발휘했다!

벤스도프는 전략을 합리적으로 통합하는 것만으로도 매매 과정 전반이 한층 더 탄탄해지고 신뢰도가 상승할 뿐 아니라 리스크 대비 수익이 증가하며 장기적인 성공을 달성할 수 있다는 것을 이해하기 쉬운 예시를 통해 설명한다. 벤스도프가 이 책에서 소개한 특정 소프트웨어를 전부 사용해보지는 못했지만 그와 그의 프로그래머가 매매 전략을 소프트웨어에 통합하고 원활히 실행하기 위해 최선을 다했다고 확신한다. 그 시점에서 투자 과정은 반복적이고 지루하기까지 한 일과가 된다. 우리는 날마다 이를 닦을 때 아무런 감정을 느끼지 않으며 양치질이 장기적으로 치아 건강에 도움이 된다는 생각을 하지 않는다. 투자 전략의 실행도 양치질처럼 틀에 박히고 감정이 개입되지 않는 일과가 될 수 있을 뿐 아니라 장기적인 재정 건강으로 이어진다.

제6부의 14장은 트레이더가 될 사람들에게 미래를 내다보는 조

언을 제공한다. 아무리 철저한 조사를 거쳐 자기에게 잘 맞는 전략을 개발하더라도 시장의 변화에 대응하지 못하는 전략은 무용지물이다. 변화하는 환경에 잘 적응하는 전략이야말로 미래의 성공을 낳는다. 독자들은 '주식매매를 일종의 사업으로 간주'하라는 그의 말을 마음에 새길 필요가 있다. 그것만큼 중요한 조언이 없다. 벤스도프의 지적대로 흥분, 전율, 아드레날린 분비를 원하면 다른 분야를 찾아야 한다. 그런 욕구를 충족하기 위해 주식매매에 뛰어들면 시장이 당신을 산산조각낼 것이 분명하다.

트레이더가 이겨내야 할 도전 과제는 그것뿐만이 아니다. 시스템화된 전략으로도 거래를 체결하는 중개인과의 갈등, 금융시장에 비정상적인 흐름을 만들어내는 금융 위기, 인내심을 시험하는 정전과 인터넷 끊김 등의 문제에 직면할 수 있다. 게다가 매매와 관련된 일은 아무것도 하고 싶지 않을 때도 자주 있다. 그러나 장담컨대 이 책의 설명대로 사업가적인 접근법을 투자 과정에 적용하면 당신도 새로운 시도를 통해 성공적인 투자의 여정을 즐길 수 있다.

*서문을 쓴 톰 바소는 뉴욕 포츠담 소재 클락슨 대학 화학 공학과 졸업. 에드워즈빌 소재 서던 일리노이 대학 경영학 석사 취득했다. 잭 슈웨거의 『타이밍의 승부사(New Market Wizards)』에서 '침착함의 대명사'로 소개되었으며, 『두려움 없는 투자 - 시장의 마법사로부터 배우는 성공적인 투자의 비법(Panic-Proof Investing: Lessons in Profitable Investing from a Market Wizard)』의 저자이다. 트렌드 스타트 캐피털 매니지먼트 주식회사의 최고경영자, 미국 선물 협회(National Futures Association)의 이사를 역임했으며, 현재 미국 위험 투자 관리자 협회(NAAIM)로 알려진 자산운용사 및 펀드 담당자 협회(SAAFTI) 이사를 역임했다. 현재 행복한 은퇴 생활을 만끽하는 중이다.

제1부

주식 자동매매가
주는 자유

제1장

경제적 자유에 가까워지는 방법

- 경제적 자유를 얻기 위해 해야 할 일

사무실 창문 밖으로 머리를 내밀면 파도 소리를 들을 수 있다. 30분 동안 주식 중개 플랫폼에 주문을 입력하고 나면 오늘 '업무'는 끝이다. 아침에 일어나자마자 처리할 수도 있었지만 그 대신 바다 수영을 택했다. 일을 끝마치면 자전거를 타고 산에 올랐다가, 저녁에는 아무 방해도 받지 않은 채 가족과 오붓한 시간을 보내려고 한다. 내일도 원 없이 수영을 즐길 예정이다. 상사가 없으니 업무에 복귀하라고 잔소리를 할 사람도 없다.

그다음 날은 30분 동안 일하고 나서 아무것도 하지 않고 빈둥거리고 싶은 기분이 들지도 모른다. 그래서 아내에게 "200킬로미터 떨어진 세비야까지 드라이브할래?"라고 물어본다. 이런 식으로 당신은 화요일 오후에 가장 사랑하는 사람과 이국적인 도시를 탐색할 수 있다.

스페인 남부에서 1년 내내 돈 걱정 없는 삶을 살아가는 당신. 다음 주에는 가족과 함께 아내의 고향, 남아메리카의 카리브 해안으로 여행을 떠날 예정이다. 물론 그곳에도 '일'은 가져간다. 하루 30분 동안 버튼 몇 개만 누르면 되는 일이다. 이렇게 돈 걱정 없는 삶을 유지할 수 있는 까닭은 바로 자동매매 시스템 덕분이다.

가는 김에 코스타리카도 방문할 예정이다. 그곳에는 주식 거래와는 무관하지만 추가로 불로소득을 가져다주는 일거리 몇 가지가 있다.

당신은 언제든 원하는 때에 무엇이든 하고 싶은 일을 한다. 하고 싶을 때만 일을 한다.

주식 자동매매는 이 같은 생활방식에 적합한 전략이다. 유럽의 바닷가에 살면서 날마다 수영을 할 수도 있고 미국 교외에 살면서 아이들에게 축구 훈련을 시킬 수도 있다. 내 방식대로 살 수 있다. 잠자는 동안에도 불로소득을 벌어들일 수 있기 때문이다.

상사에게 보고할 필요도 없다. 가야 할 곳이나 해야 할일 같은 일정에 얽매이지도 않는다. 남들이 정해놓은 대로 삶을 살지 않고 내 삶을, 내 방식대로 살 수 있다.

일할 기분이 들지 않는 날에는 일하지 않아도 된다. 생활비와 다른 지출을 충당하고도 남을 만큼 넉넉한 불로소득이 들어오기 때문이다. 배우자나 자녀와 충분한 대화를 나눌 수 있는 여유도 있다. 날마다 상상할 수 있는 한 가장 완벽한 삶을 영위하기 때문에 기쁨과 자유를 최대로 누리게 된다.

물론 자동매매 전략을 운용하기 위해 그 이전에 열심히 일해야 했다. 그러나 자동매매는 일평생 지속되는 경제적 독립을 제공했다. 그 덕분에 어디든 가고 싶은 곳을 가고 무엇이든 하고 싶은 일을 하는 삶을 살 수 있다. 흥미가 가는 사업을 추진하고 활동적인 삶을 유지하며 방해받는 일 없이 가족이나 친구와 즐거운 시간을 보낼 수 있다.
지금까지 묘사한 삶이 바로 현재의 내 삶이다.

으스대려는 것이 아니다. 사실 내 삶을 묘사해달라는 담당 편집자의 요청을 듣고 한참 고심해야 했다. 그토록 오랫동안 자유를 누리다 보니 내게는 그 삶이 당연하게 느껴졌기 때문이다. 삶이란 이렇게 살아야 마땅하다. 원한다면 당신이라고 그런 삶을 누리지 못할 이유는 하나도 없다.

물론 처음에는 고된 노력을 쏟아부어야 원하는 삶을 살 수 있다. 너무 걱정할 필요는 없다. 내가 이 책에서 그 전략을 단계별로 소개할 것이다. 방법을 터득하고 나면 당신은 그 전략을 유지하기 위해 하루 30분만 할애해도 된다.

내 학생 중에는 고액 연봉을 받는 중역 등 성공한 사람들도 많지만 그 사람들도 트집을 잡아대는 상사, 성가신 요식 행위, 이런저런 지시를 내리는 경영진을 상대해야 한다. 압박을 받고 최종 기한과 목표를 강요받는다. 그 과정에서 엄청난 스트레스를 느끼기 때문에 이들의 삶은 편치 않다. 고액 연봉으로도 그러한 스트레스를 상쇄할 수 없다고 느끼는 순간이 온다.

당신도 비슷한 상황인가?

그렇다면 이제 스트레스 가득한 업무 부담에서 벗어나 경제적인 자유를 창출해야 할 때다. 다음은 경제적인 자유 창출을 위해 기본적으로 필요한 사항이다.

하루에 한 번만 거래하라. 장중에 시황을 모니터링할 필요는 없다. 거래 사항을 입력하고 데이터 제공업체가 업데이트해놓은 과거 데이터(historical data)를 내려받으라. 과거 데이터를 보면 내일 해야 할 일을 알 수 있다. 그런 다음에 주식 거래 소프트웨어(주식 스캐닝 소프트웨어와 백테스팅 소프트웨어)를 실행하여 그 전날의 데이터를 스캔한다. 소프트웨어는 당신이 예전에 설정해 둔 충분히 검증이 된 규칙을 토대로 입력해야 할 신규 포지션을 알려준다.

5분 내에 컴퓨터를 통해 기존 주문을 변경해야 할지, 현재 포지션을 정리해야 할지와 같이 취해야 할 조치가 도출된다. 사람이 미국에 상장된 7,000개 종목을 샅샅이 탐색하여 사고팔 적기를 결정하는 데는 며칠이 걸지만, 소프트웨어로는 몇 분이면 된다. 게다가 소프트웨어를 이용하면 감정에 휘둘리지 않고 스트레스와 오류도 방지할 수 있다.

하루 종일 보유 포지션을 모니터링할 필요도 없다. 시시각각 모니터링하다 보면 불안한 마음에 검증된 전략을 활용하지 않는 결과가 초래될 수 있다. TV나 신문의 뉴스에 시선을 고정할 필요도 없다. 연방준비위원회가 무슨 발표를 한다고? 무시하라!

트레이더들은 뉴스에 좌우되는 경향이 있다. 실적 경고, 기업의 조치, 연준 발표 같은 최신 뉴스를 토대로 결정을 내리는 것이다. 그러다 보면 불필요한 스트레스가 발생한다. 무엇보다도 뉴스를 따르는 것은 어림짐작보다 나을 것이 없다.

브렉시트 때의 일을 예로 들겠다. 브렉시트는 당연히도 언론사 여기저기에 대서특필되었다. 모두가 재난급 사건이라고 말했다. 나도 새벽 1시에 귀가하여 그 뉴스를 접했다. 하지만 브렉시트를 대수롭지 않게 여겼다. 관심이 가긴 했지만 내 포트폴리오에 대해서는 그 어떤 걱정도 들지 않았다. 이미 준비된 전략이 있었기 때문이다. 그보다는 그날 어떠한 일이 펼쳐질지 확인하고 싶어서 좀이 쑤셨다.

아침 일찍 출근하여 보유 포지션을 살펴보았다. 내 투자 포트폴리오는 시장 중립적으로 구성되어 있었다. 다시 말해 롱과 쇼트 포지션(short position, 매도 초과 포지션 - 역주)을 두루 보유했고 완벽하게 헤징이 된 상태였다.

나는 필요 이상으로 불안해하는 투자자들을 진정시키는 데 반나절을 보냈다. 그들이 걱정하는 이유를 이해할 수 있었지만 그럴 필요는 없었다. 우리 회사의 자동매매 전략은 그 어떠한 시장 조건에도 대비가 되어있었다. 브렉시트 같은 중대사건도 예외는 아니었다. 투자자들은 끊임없이 공포를 조장하고 파국이라도 온 듯 떠들어대는 언론 뉴스를 피할 수 없었다. 애널리스트들도 아무 근거도 없이 앞으로 일어날 일에 대한 예측을 내놓았다.

내가 구축해놓은 포지션에 대해서는 알지도 못하면서 걱정하며 연락하는 사람들이 부지기수였다. 사실 언론이 조장한 공포와 소란을 무시할 수 있는 사람은 드물다.

증시는 며칠 동안 소폭 하락하다가 급등했다. 그러자 더 이상 아무도 그 일에 대해 말하지 않았다. 브렉시트는 일시적인 소란에 그쳤다.

뉴스가 있을 때마다 내 전화통은 불이 난다. 신기할 정도다. 내 평균회귀(mean-reversion) 전략은 시장에 공포 분위기가 형성될 때 매수하는 전략으로 무슨 일이 일어나도 대부분 좋은 성과를 낸다. 어쨌든 내게는 통계와 자동매매 전략이 있기 때문에 뉴스에 휘둘릴 이유가 없고 불안을 느낄 필요도 없다. 다른 투자자들도 그렇게 할 수 있다.

매수나 매도 시점을 정하는 규칙을 마련해두고 정확히 어떤 조치를 취해야 할지 알려주는 소프트웨어를 갖추라. 그런 다음에는 한동안 소프트웨어의 공식이 장기적으로 수익을 내는 데 도움을 주는지 확실히 검증하는 작업을 충실히 수행하고 나서 소프트웨어의 지시를 따르면 된다. 그렇게만 하면 숨은 의도가 있는 뉴스와 감정의 동요에 휘둘리는 일을 피할 수 있다.

여러분에게 단계별로 해야 할 일을 알려주고자 한다. 간단하게 할 수 있는 일이니 부담을 느끼지 않아도 된다. 주식 거래를 어렵게 생각하지 말라. 주식 거래는 규칙을 따르고 자신의 성격, 생활방식, 리스크 감내 수준에 맞는 전략을 고안하기만 하면 손쉬운 일이다.

우선 스스로를 냉철하게 분석할 필요가 있다. 이런 자기 분석 방법에 대해서는 이 책 전반에 걸쳐 소개할 작정이다.

당신의 시장 신뢰도는? 추세를 따르는 성향인가? 평균회귀 성향인가? 그 이유는? 롱과 쇼트 포지션을 두루 취할 생각인가? 아니면 롱 포지션(long position, 매입 초과 포지션-역주)만 취하기를 원하는가? 하루나 한 주, 또는 한 달에 한 번씩만 주문 입력을 하고자 하는가? 참을성이 있는가? 자주 초조해하는가? 그러한 성향은 당신의 미래 전략에 어떠한 영향을 미칠 것인가?

목표가 명확할수록 정교한 전략을 구축하기도 쉬워진다. 자세한 내용은 3부에서 알아볼 것이다.

효과적인 전략은 여러 가지이지만 자신만의 고유한 상황에 맞는 전략을 선택하는 것이 중요하다. 어느 전략이나 동일한 기본 원칙을 토대로 하지만 실행 방식은 각양각색이다. 게다가 자신의 성향에 맞지 않는 전략을 선택하면 실패는 불 보듯 뻔하다. 자신에게 가장 잘 맞는 전략을 파악하기만 하면 매년 계속해서 시장을 앞서는 일도 그리 어렵지 않다. 그러나 자기 자신을 분석하는 데 시간을 들이지 않으면 전략은 무용지물이 될 것이다.

우리는 스스로는 의식하지 못하더라도 감정에 지배당하는 경향이 있다. 내가 전략의 모든 단계를 자동화한 까닭도 그 때문이다. 자동화를 활용하면 주식매매에서 감정을 완전히 배제할 수 있다. 컴퓨터가 산출한 숫자를 충실히 따르기만 하면 된다.

나는 자유재량에 따르는 거래보다 전략적인 거래를 선호한다. 자유재량에 따르는 트레이더들은 시장의 행동을 예측하려 애쓰며 그러기 위해 정보를 철두철미하게 분석한다. 하지만 정보는 불완전하며 그런 정보를 완벽하게 분석하려면 워런 버핏 정도의 능력이 있어야 한다. 그 과정에서 주관에 휘둘리기 쉽다. 자유재량에 따르는 트레이더들은 치밀하지 못한 규칙을 따르며 그러다 보니 감정의 동요에 휘둘리기 쉽다. 주식을 '제대로' 선택하지 않으면 안 되기 때문에 손실을 개인적으로 부담하는 일도 많다. 이들은 주식 선택에 실패하면 자존심에 큰 상처를 입는다.

또 시류를 따르기 때문에 현재 유행하는 다양한 지표를 활용한다. 어떤 트레이더는 거시경제 지표와 차트 추세뿐만 아니라 뉴스를 참고하기까지 한다. 계량화가 불가능한 지표를 따른다는 이야기다. 이들은 컴퓨터처럼 방대한 주식의 세계를 샅샅이 훑을 수 없기 때문에 한정된 종목과 시장만을 주시하는 경향이 있다.

전략적인 트레이더들은 사실상 정반대 입장을 취한다. 우선 시장의 행동을 예측하려 하지 않는다. 그보다는 현재 시장에서 벌어지는 활동에 참여한다. 주식 거래에서 자기 주관을 배제한다는 점에서 겸허하고 현실적인 접근법이다.

전략적인 트레이더들은 정보가 아니라 가격을 참고한다. 진입, 이탈, 리스크 관리, 포지션 사이징(position sizing, 포지션 규모 정하기-역주)을 결정할 때 철저하고 정교한 규칙 몇 가지를 따른다. 거래에 자기 주관을 개입하지 않기 때문에 좋은 성과를 내지 못하더라도 상처를 입지 않는다.

이들에게는 현재 성과가 나쁘더라도 시장이 일시적으로 자신의 전략에 호의적이지 않을 뿐 장기적으로는 좋은 성과를 거두리라는 믿음이 있다. 진입과 이탈을 결정할 때 항상 같은 기술 지표를 활용하며 수많은 시장과 종목을 한꺼번에 거래할 수 있다. 워런 버핏처럼 펀더멘털(fundamental, 시장이나 기업의 근본적인 조건-역주)의 전문가가 될 필요도 없다.

자유재량에 따르는 트레이더들이 뉴스가 의미하는 바에 촉각을 곤두세우는 반면 전략적 트레이더들은 현재 시장의 실제 상황에 대응한다. 검증된 전략을 통해 미리 규정되고 자동화된 대응을 할 뿐이다.

이처럼 전략적인 접근법은 명백히 우월하다. 다만 실행에 옮기기가 쉽지 않다. 전략적인 접근법을 마음속 깊이 신뢰하지 않는 한 이를 따르기란 불가능하다.

당신은 데이트레이더(day trader, 하루하루 차트를 보며 단타 매매를 하는 사람-역주)를 본 적이 있는가? 데이트레이더는 엄청난 스트레스에 시달리며 대부분 돈을 잃는다. 이 사람들이 실패하는 가장 큰 이유는 결정 과정에서 감정의 지배를 받기 때문이다. 이들은 자신의 믿음과 전략을 명확히 분석하여 이를 자동 프로그램화하는 일에 시간을 들이지 않는다.

가끔 번득이는 아이디어를 내기도 하지만 절대로 자신의 감정을 다스리고 일관성 있게 행동하지 못한다. 시장이 오르락내리락하고 전문가들이 요란스럽게 떠들어대는 상황에 휘둘리기 때문이다.

바로 그런 이유에서 뉴스를 무시하고 컴퓨터에 내 일을 맡긴다. 컴퓨터는 스트레스를 느끼지 않으니 힘들고 지루한 일을 처리하기에 제격이다.

열심히 사전 작업을 하고 나면 어떤 결과를 얻을 수 있을까?

더 이상 온종일 일할 필요가 없다. 무한 경쟁에 뛰어들 필요도 없다. 재정적으로 만반의 준비가 된 삶을 살 수 있다. 원하는 곳에서 살고 일할 수 있다. 언제 어디로든 여행을 떠날 수 있다. 여행을 가서도 하루에 30분만 투자하면 날마다 돈을 벌 수 있다.

신문을 뒤척이거나 값비싼 소식지를 읽거나 텔레비전을 시청할 필요도 없다. 가족, 친구와 하고 싶은 일을 하면서 시간을 보낼 수 있다. 허무맹랑한 이야기가 아니다. 실제로 내가 그렇게 살고 있다. 이제 그 방법을 알려주고자 한다.

2000년에 부모님이 소유한 거액의 은퇴계좌 관리를 도우면서 주식 거래를 시작했다. 은퇴자금은 온전히 펀더멘탈을 참고하는 전략에 따라 투자되어 있었다. 계좌 관리는 자산운용으로 명성이 있는 네덜란드 은행이 담당하고 있었다. 그곳은 탄성이 나올 정도로 거대하고 위풍당당한 고급 건물에 있었다.

그 멋진 건물과 그곳에서 일하는 사람들을 보면서 "저 사람들은 엄청나게 똑똑하겠지!"라는 생각이 들었다. 어마어마한 자금을 맡고 있는 곳임을 확신했다. 곧 관리자와 만났는데, 풍부한 지식을 소유했을 뿐 아니라 방대한 조사 보고서를 내놓았다. 나도 처음에는 다른 사람들처럼 주눅이 들고 감탄했다. 그러나 닷컴 호황(dot-com boom)이 지난 직후 계좌를 확인해봤을 때는 그 많던 돈의 30% 정도나 사라진 상태였다. 불과 2~3개월 만이었다.

나는 그 크고 멋진 자산운용사를 원망하기 시작했다. 그래서 다시 자산운용 담당자들을 만났을 때 그들에게 따졌다.

"자금이 30%나 줄어들어서 기분이 좋지 않군요."

"로렌스 씨, 시장이 하락하면 그저 묵묵히 버티는 수밖에 없어요. 길게 보면 시장은 반드시 상승하게 마련이거든요."라고 말했다.

그 상황에서 당연히 물어보아야 할 질문을 했다.

"무슨 논리죠?"

그들은 대답하지 못했다. 그러더니 주식을 더 매수하라고 했다. 그렇게 하면 우리가 현재 보유한 주식의 평균 매수단가를 낮출 수 있다는 것이다. 예를 들어 우리가 100달러에 산 주식 한 주가 현재

30% 하락하여 70달러라고 칠 때 같은 주식을 70달러에 매수하면 평균 매수단가가 85달러로 낮아져 앞으로 15%만 올라도 본전을 회수할 수 있게 된다는 이야기였다.

그러나 우리가 주식을 매수할 때마다 그 사람들에게 돌아가는 수수료도 불어날 터였다. 그들은 시장을 조작하려 들었다. 즉, 시장을 상승장으로 이끌려는 의도로 모든 고객에게 주식을 매입하라고 권유했다. 게다가 고객이 주식을 매입하면 결과야 어떻든 수수료를 챙길 수 있었다. 그러나 그 당시에 시장 심리는 최악이었다. 나는 그 사람들의 말을 믿지 않았다. 그들이 우리에게 추가 매수를 권한 까닭은 누가 보더라도 그저 수수료 욕심 때문이었다.

즉시 계좌의 주인인 아버지에게 이미 너무 많은 리스크에 노출되어 있다고 말했다. 시장 상황이 그처럼 나쁠 때 주식에 모든 돈을 투자해두면 위험하다는 생각을 아버지에게 전달했다. 차라리 주식을 전부 팔아버리자고 제안했다. 투자에 대해 전혀 알지 못했기에 자금 운용 담당자에게 맡겼지만 그 사람들은 우리의 수익이나 손실에 신경 쓰지 않았다. 그들의 관심은 그저 수수료에만 쏠려 있었다.

결국 아버지는 내 제안을 받아들여 보유한 포트폴리오를 전부 청산했다. 포트폴리오에 포함되어 있던 엔론(Enron)과 월드컴(World-Com)은 얼마 후 파산했다. 포지션을 그대로 유지했더라면 은퇴계좌의 70% 이상을 날렸을 것이며, 한술 더 떠 '전문가'의 조언대로 추가 매수를 했더라면 손실은 훨씬 더 컸을 것이 분명했다.

그때의 일을 통해 자산운용사 사람들이 자기들 주장처럼 똑똑하지 않다는 사실을 깨달았다. 그러나 여전히 투자에 대해서는 문외한이었다. 그저 그 사람들을 믿어서는 안 된다는 사실을 확인했을 따름이다.

은행을 설득하여 우리가 보유한 포지션을 청산한 일은 대담한 행동이었고 그렇게 해서 손실은 입지 않았지만 그 결과는 본전 회수에 불과했다. 수익이 0인 것 역시 바람직한 결과는 아니었다.

나는 3만 달러가 예치된 계좌로 주식투자를 시작했다. 뉴스를 참고하면 시장이 어디로 가고 있는지 정확히 알 수 있다고 생각했다. 게다가 최신 뉴스, 수익 보고서, 연준 보고서 등을 제공하는 고액의 소프트웨어도 있었다. 정보를 더 빨리 접하면 더 신속하게 조치를 취하고 남들을 앞설 수 있다고 생각했다. 그래서 온종일 컴퓨터를 들여다보면서 거기에서 흘러나오는 모든 정보를 초조한 마음으로 분석했다. 정보가 내 포지션에 어떤 영향을 끼칠지 고심했다. 유리한 뉴스가 나오기만을 기도하면서 텔레비전, 라디오, 인터넷에서 눈을 떼지 못했다. 정보를 하나라도 놓치면 큰일 나는 줄 알았다. 늘 초조했고 하루에 담배 50개비를 피워댔다.

주식 계좌가 오르락내리락하자 심리적으로 붕괴되었다. 건강도 나빠졌다. 잠이 오지 않았고 불안했다. 대인기피증이 생겼고 자존감이 무너졌다. 내가 시장에서 손실을 입고 있다는 사실을 받아들일 수 없었다. 상황이 나쁘다는 사실은 알았지만 어떻게 대처해야 하는지는 알지 못했다.

결국 파산이 멀지 않았음을 인정했다. 그때부터 나 자신을 단련하는 기나긴 여정이 시작되었다.

현재까지 내가 연구한 트레이딩 계정(trading book, 단기간 내에 매매가 가능한 금융상품으로 구성된 포트폴리오-역주)은 500개가 넘는다. 몇 년에 걸쳐 날마다 6~8시간씩 공부한 결과다. 시장 연구를 하지 않고 지나간 날은 단 하루도 없었다. 각종 세미나에 참석했고 금융시장에 정통한 사람을 만날 기회가 있을 때마다 그 사람들과 대화했다.

어느 날 온라인에 무료로 배포된 책을 통해 '터틀(turtle, 거북이)'이라는 모임의 이야기를 접했다. 터틀에 속한 사람들은 전문가들로부터 간단하고 검증된 전략을 배워 투자했으며 전략을 100% 따른 사람들이 가장 큰 수익을 얻었다고 한다.

이들에게 의사결정이나 분석은 전혀 필요하지 않았다. 그저 시스템을 가장 충실히 따른 사람들이 가장 큰돈을 벌었다. 그 전략은 매우 단순하면서도 합리적이었지만 상당히 심오했다. 그렇게 해서 첫

돌파구를 찾았다.

두 번째 돌파구는 내 성격에 잘 어울리는 방식을 찾았을 때 나타났다. 그것은 평균회귀 전략이었다. 간단히 말해 적절히 과매도(oversold)된 주식을 매수하는 방식이다. 즉, 무작위로 선택하기보다 평균으로 회귀할 확률(다시 가격이 올라갈 가능성)이 더 높은 주식을 산다는 뜻이다.

이러한 방식을 장기적으로 고수하면 강점을 얻을 수 있다. 프로그래머를 고용하여 내 아이디어를 자동화된 전략으로 프로그래밍해달라고 부탁했다. 그런 다음에 전략을 시험해보았더니 내 생각이 옳았음을 확인할 수 있었다. 나는 한 분야에 정통해졌고 강점을 확보했다. 주식투자로 수익을 내기 시작했다.

시간이 흐름에 따라 내 믿음은 더 확고해졌고 현재는 평균회귀 전략과 추세추종(trend following) 전략을 결합하여 거래하고 있다.

수익을 얻기 시작하자 더 구체적인 교육 자료를 구입할 수 있었다. 입수할 수 있는 한 모든 지표, 통계, 계량화된 근거를 연구했다. 주식 수천 종목을 뚫어져라 들여다보았고 적합한 진입과 이탈시점을 가늠했으며 그 사항을 일일이 기록해두면서 검증된 규칙을 만들어내려고 했다. 나는 프로그래밍이나 백테스트 경험이 없었기 때문에 그 작업은 말할 수 없이 어려웠다. 그저 오랜 시간에 걸쳐 꾸준히 수익이 난 상품을 찾아내기만 한다면 유리한 위치에 설 수 있다는 사실만을 알고 있었을 뿐이다.

처음으로 프로그래머를 고용했다. 최초로 획기적인 돌파구가 마련되었지만 프로그래머와의 작업은 쉽지 않았다. 아이디어를 프로그래머들에게 설명해야 했고 그들이 실행에 옮길 수 있는 아이디어인지 확인해야 했다. 결과물을 얻기까지 길고 값비싼 과정이 이어졌다. 시간당 보수를 지급해가며 프로그래머들에게 일을 맡겼고 2005년부터 2007년에 이르기까지 그들은 느린 컴퓨터로 작업해야 했다. 지금에야 랩톱 한 대만 있어도 충분하지만 그 당시에는 컴퓨터의 연산 능력이 매우 느렸기 때문에 수백만 달러를 들여 컴퓨터 체제를 구축해야 했는데 내게는 그럴 돈이 없었다.

백테스트에 24시간이 걸렸으며 그마저도 컴퓨터가 제대로 작동할 때의 일이었다. 이제는 백테스트에 10분 남짓 걸린다. 어쨌든 프로그래밍 작업이야말로 우위를 가져다줄 수단이라고 생각했고 결코 포기하지 않았다. 결국 코드와 전략을 고안해냈고 정확한 매개변수를 파악했다. 그리고 내 생각이 옳았다. 전략적 트레이딩을 통해 실제로 우위를 확보했다.

혼자서 트레이딩을 도맡아 해야 했기에 무척 바빴다. 그러나 소프트웨어를 업그레이드하자 트레이딩에 드는 시간이 줄어들었다.

나를 믿어주는 사람은 아무도 없었다. 친구, 동료, 언론매체 모두 은행과 전문가의 말을 들어야 한다고 말했다. 그들은 나를 사기꾼 아니면 망상에 빠진 인간이라고 비웃었다. 나는 강인했기에 그런 비난들을 참아냈고 내 철학에 믿음이 있었다. 주위 사람 대부분이 비웃었을 때도 그대로 밀고 나갔다. 그 10년 동안 담배 한 개비 피우지 않았으며 2007년부터 손실을 본 해도 없었다. 내 수익률은 두 자릿수 중에서도 높은 쪽이었다.

시간이 흐름에 따라 내 트레이딩 방식은 변화했고 강점은 조금씩 줄어들었다. 시장이 갈수록 똑똑해졌기 때문이다. 그래서 몇 가지 전략을 결합하기 시작했다. 어떤 전략이나 특정한 유형의 시장에서는 효과를 발휘하지 못한다. 보합장(sideways market)에서는 추세추종 전략이 장점을 발휘하지 못한다. 이런 시장에서는 추세추종을 활용하다가는 주식을 사고팔 때마다 손실을 입게 된다. 속임수 매매 신호(whipsaw)에 당하기 쉽다. 보합장에서는 평균회귀 전략이 잘 먹힌다. 중요한 점은 시장이 70% 넘는 확률로 횡보 양상을 보인다는 사실이다.

이 두 가지 전략과 그 이외 다양한 전략을 마련해두면 현재 시장 상황에 적합한 전략 두어 가지를 활용할 수 있다. 한 가지 전략에 의존하는 것은 위험하다. 아무리 똑똑한 트레이더라도 어떤 유형의 시장이 나타날지 정확히 예측할 수 없기 때문이다.

시장이 하락할 때 방금 설명한 내용을 시험해보면 된다. 단기 추종 전략과 단기 평균회귀 전략으로 거래하면 시장이 하락하더라도 수익을 얻을 수 있다. 하락장에서는 장기전략이 힘을 쓰지 못하고 단기전략이 효과를 발휘하기 때문이다.

결국 통계와 심리가 관건이다. 트레이더는 자기 자신의 독특한 심리를 이해하고 리스크 관리방식을 파악해야 한다.

주식투자 여정을 시작하면서 다양한 강좌와 세미나를 들었으며 그 결과 심리적으로 중대한 변화를 겪었다. 무엇보다도 반 타프(Van K. Tharp)의 최신작 『매트릭스를 초월하여 투자하라(Trading Beyond the Matrix)』에 내 글이 실렸다. 그 책에서 한 챕터 분량으로 내 거래 경험을 풀어 놓았는데, 내가 어떻게 해서 군중심리에 휩쓸려 돈을 잃기만 하던 패자에서 완벽하게 프로그래밍된 컴퓨터로 장기적인 성공을 거두는 승자가 되었는지를 묘사했다.

현재 나는 직접 설립한 투자펀드 회사에서 미국과 스위스 기관 투자자들의 돈을 운용하는 중이다. 무엇보다도 따로 시간을 내어 내가 좋아하는 일, 즉 '독자적인 자동매매 전략을 구축하여 경제적인 자유를 얻으려는 사람들에게 멘토 역할'을 하고 있다.

이제 이 책이 있으니 당신도 경제적인 자유를 얻을 수 있다.

제2장

30분 트레이딩
- 어느 곳에 있는가는 중요하지 않다

제2부에서 자세히 다루겠지만 일반적인 투자 자문사는 펀더멘털 분석이라는 어림짐작 기법을 활용한다. 이 기법은 위험이 따르는 데다 장기적인 수익을 얻기에 적합하지 못하다. 내 전략은 이와 정반대로 계량화되고 자동화되어 있으며 펀더멘털 수치를 완전히 배제한다.

펀더멘털 트레이더는 어림짐작으로 미래를 내다본다. 이들은 수익 보고서 등의 기업 회계 수치를 분석하고 그 분석에 따라 가격이 어디로 향할지 예측한다. 다시 말해 이론에 근거하여 시장이 어디로 갈지 예측한다. 예를 들어 이들은 "경제가 둔화되고 있으니 주가가 하락할 것"이라는 식으로 말한다.

간단히 말해 펀더멘털 트레이더는 워런 버핏의 투자 모형을 따른다. 그럴듯해 보이지만 워런 버핏 모형을 활용하려면 뛰어난 기량이 뒷받침되어야 한다. 버핏은 좋은 주식을 선택하는 일에 통달한 사람이며 그 같은 기량을 익힐 수 있는 사람은 거의 없다. 가능하다고 믿는 사람이 많겠지만 사실 대부분은 실패하는 주식을 선택한다. 일반 투자자가 고른 10개 종목과 원숭이가 고른 10개 종목의 수익률을 비교하면 원숭이의 평균 수익률이 더 높다는 일화도 널리 알려져 있다.

무작위 선택이 일반 투자자의 기량을 앞선다는 이야기는 그만큼 주식 선정이 매우 어렵고 주가의 움직임이 무작위적이며 직관에 반한다는 뜻이다. 버핏의 전략을 따라 주식을 선정하는 것은 르브론 제임스의 전략으로 농구를 하는 것과 다를 바 없다. 공을 잡을 때마다 강력한 덩크슛을 내리꽂는 전략이 이론적으로는 그럴듯하지만 일반인이 강력한 덩크슛을 시도하다가는 엎어지기 십상이다. 버핏의 전략을 활용하려면 버핏처럼 초인적인 기량과 수십 년의 경험이 있어야 할 뿐만 아니라 날마다 여러 시간씩 고되게 일해야 한다.

게다가 펀더멘털 트레이더들은 직관적이고 기량 연마를 위주로 하는 훈련을 받은 사람들이라 매수와 매도 시에 지켜야 할 철칙을 정하는 일에 익숙하지 않다. 그러므로 이들이 정확히 언제 사고파는지를 계량화하기란 사실상 불가능하다.

펀더멘털 트레이더들이 어떤 기업의 주식을 거래하는 까닭은 특정한 결과를 예상하기 때문이다. 예를 들어 그 기업이 좋은 실적을 낸다고 예상하면 주식을 매수할 것이다. 그러나 이들의 예상이 들어맞지 않는다면? 업계 최고의 트레이더들조차 오판하는 일이 많다. 이들은 단순히 어떤 기업이 좋은 실적을 낸다는 예상에 따라 돈을 걸며 그 예상이 들어맞지 않더라도 결국에는 상황이 호전되리라 믿기 때문에 출구 전략을 마련해두지 않는다.

더욱이 펀더멘털 트레이더들은 시장이 급격히 하락할 때에 대비해 두지 않는 경향이 있다. 따라서 시장 심리가 침체될 때마다 이들의 계좌 금액도 줄어든다. 이들은 다양한 회사와 부문에 투자하는 식으로 리스크를 분산하려 하지만 이들의 그로스 익스포저(gross exposure, 포트폴리오 중에서 시장 위험에 노출된 명목 가치-역주)는 롱 포지션으로 이루어진다. 따라서 '분산' 투자라 하더라도 자산이 서로 연관되어 있기 때문에 가격이 동반 상승하거나 동반 하락한다.

전반적인 시장 심리가 부정적일 때는 모든 부문이 침체된다. 원칙적으로 분산투자는 바람직한 전략이지만 위험에 노출된 자산이 순전히 롱 포지션일 때는 자산 가격이 시장과 더불어 하락하게 되어있다. 보호책이 가장 절실할 때야말로 부문별 분산투자는 도움을 주지 못한다. 특히 불황일 때는 '분산'된 주식이 동시에 하락하므로 타격이 커진다.

내가 생각하는 분산투자는 다음과 같다. 투자자들은 골고루 분산된 포트폴리오만 있으면 대참사를 면할 수 있으리라 생각하는 경향이 있다. 사실은 그렇지 않다. 분산투자는 시장 유형이 아니라 부문에만 적용되기 때문이다. 시장이 크게 약세를 보이고 하락하면 전 부문이 침체된다. 하락장에서는 모든 부문이 서로 연결되어 있다. 분산투자가 조금이라도 효력을 발휘하는 시장은 상승장이다(상승장에서는 일부 부문이 다른 부문보다 더 좋은 실적을 낸다). 그러나 시장 심리가 내려앉을 때는 분산투자가 무용지물이다. 그럴 때는 포트폴리오가 전체적으로 하락한다. 나는 이 같은 현상을 '동반 움직임(lockstep)'으로 부른다. 동반 움직임은 시장 심리에 따라 모든 것이 반전되리라는 분위기가 조성되며, 상관계수가 1.00일 때(분산된 자산끼리 완벽한 상관관계를 보여 분산화 수준이 0일 때) 또는 -1.00일 때 (분산된 자산끼리 완벽한 역의 상관관계를 보여 수익을 전혀 내지 못할 때) 나타난다.

이 같은 상황이 발생한 때가 바로 2008년이다. 어느 정도로 분산된 포트폴리오를 보유했는지는 중요하지 않았다. '분산' 투자된 주식 종목이 모조리 하락했기 때문에 투자자들은 큰 타격을 입었다.

가끔은 펀더멘털 트레이더들의 예상이 맞아떨어져서 엄청난 배당 이익이 지급될 때도 있다. 하지만 금 시장에서 보듯이 그들의 예상은 속속들이 잘못될 때가 더 많다. 이와 관련해서는 잠시 후에 다루기로 한다. 지난 7년여 동안 애널리스트들은 미국 경제가 불경기에 빠졌다는 관측을 내놓았다. 실제로 미국 정부의 채무는 수조 달러에 이르며 불경기가 심각한 상황이다. 그러나 그렇다고 해서 내년 주가가 어떻게 될지 정확히 예측하기란 불가능하다. 주가가 트레이더들의 기분에 좌우되기 때문이다. 주가 하락은 피할 수 없는 일이지만 그것이 언제 어느 정도 규모로 나타날지는 정확히 예측할 수 없다. 오늘이나 한 달 내에 나타날 수도 있고 올해 안이나 10년 이내에 나타날 수도 있으며 어느 규모로나 일어날 수 있다.

2011년 금값이 온스당 1,900달러에 이르렀을 때는 거의 모든 금융 시장 소식지가 "세상이 종말로 치닫고 있다. 금융 체제가 곧 붕괴할 것이다. 그러니 금을 사야만 한다!"라는 내용으로 시작되었다. '금값이 폭등할 것'이라는 주장에는 '금은 항상 제 가치를 유지하며 영원 불편의 구매력을 지닌다'거나 '금 본위제로 복귀할지도 모른다'라는 논리가 따라붙었다.

이론적으로는 옳은 분석이며, 똑똑한 사람들이 내놓은 분석이다. 그러나 2011년부터 2015년까지 금값이 1,900달러에서 1,050달러로 50% 가까이 떨어졌다! 금값에 대한 펀더멘털 분석은 이론적으로는 타당했으며 금값이 급격하게 상승하리라 예측했지만 가격은 전혀 다른 움직임을 보였다. 결국에는 가격의 움직임이 모든 것을 결정 짓는다.

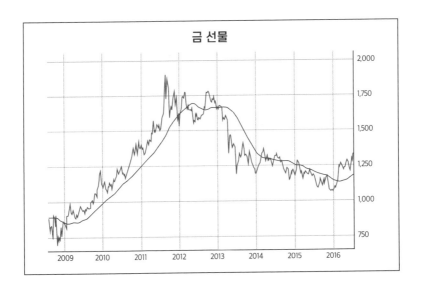

금 선물

금융 소식지와 언론의 대대적인 지지를 받았던 표준적인 펀더멘털 분석에 따라 금에 투자했다면 50% 가까운 손실을 입었겠지만 단순하고 장기적인 추세추종 모형을 따랐다면 전혀 다른 결과를 얻었을 것이다. 추세추종 모형은 가격이 200일 단순 이동 평균(simple moving average) 아래로 떨어질 때마다 포지션을 닫으라고 제안한다. 따라서 이 모형을 따르는 투자자는 1,600달러 정도에서 털고 나갔을 것이다.

여느 때와 마찬가지로 소식지와 언론이 떠들어댄 소리는 헛소리였다. 그보다는 가격의 움직임에 따라 단순하고 기술적인 이탈을 택했다면 큰 손실을 막을 수 있었을 것이다.

나 역시 장기적이고 추세추종적인 전략에 따라 금을 거래한다면 분명 펀더멘털 트레이더처럼 1,900달러에 금의 롱 포지션을 취할 것이다. 그러나 이때 기술적인 분석을 활용하면 언제 출구 전략을 취할지 명확한 규칙을 정할 수 있다. 그것이 관건이다. 당신이 보유한 포지션이 결국에는 휴짓조각이 되더라도 대비만 되어있으면 그렇게 되기 전에 빠져나올 수 있다.

컴퓨터는 추세를 측정한 다음에 "역사적으로 지금 같은 상황에서는 가격이 하락세로 접어드는 경향이 있다"면서 "과거의 통계적 근거로 볼 때 지금 가격은 무너지게 되어있다. 지금 출구 전략을 택하여 금 포지션을 청산하라" 같은 분석을 내놓을 때가 있다. 그러한 분석을 참고하면 투자 잔고를 보호할 수 있다.

추세추종 전략에서는 추세가 뒤집힐 때까지 현재 상황을 유지한다. 이처럼 기술적인 전략을 활용하면 훨씬 더 나은 결과를 얻을 수 있다. 중요한 것은 시장 가격뿐이며 투자자 스스로의 분석을 과신해서는 안 된다는 점을 염두에 둔 전략이기 때문이다. 반면에 펀더멘털 트레이더들은 지나친 확신에 빠지지 않도록 제어하는 장치를 지니고 있지 않다.

구체적으로 어떠한 추세추종 전략을 활용했는가는 중요하지 않았다. 어떤 접근법이든 당시 추세가 막바지에 이르렀다는 분석을 내놓았고 투자자를 출구 전략으로 유도함으로써 투자자는 큰 타격을 입지 않았다. 요는 가격의 움직임을 측정하고 그 결과에 따라 매수와 매도를 결정해야 한다는 점만 명심하면 된다. 4부에서 자세히 알아보겠지만 단순 이동 평균(simple-moving average, SMA)은 추세추종 이론의 기본 원칙이다. 방법은 간단하다. 컴퓨터가 SMA에 근거하여 현재 추세가 끝났다고 하면 바로 빠져나오면 된다. (관련 내용은 4장에서 엔론의 사례를 통해 상세히 살펴볼 것이다.)

원한다면 얼마든지 펀더멘털을 분석해도 좋다. 그러나 주식시장은 시장 심리에 좌우된다. 아무리 논리적으로 합당한 분석을 내놓더라도 시장이 그 분석대로 돌아가지 않을 경우 당신은 손실을 입을수밖에 없다. 내가 가격의 움직임에만 초점을 맞추는 까닭도 바로 그 때문이다. 가격의 움직임은 시장 심리의 가장 정확한 척도다.

펀더멘털 트레이더들은 2009년 초에도 S&P 500 지수 거래에서 큰 낭패를 보았다. 2008년에 하락장을 경험하고 나서 얼마 지나지 않은 2009년 3월에 하락장은 바닥을 쳤다. 이를 기점으로 S&P500 지수가 상승했다. 2009년 중반에 가격의 움직임을 바탕으로 한 추세추종 전략을 활용하여 매수 신호를 포착했다. 그러나 펀더멘털 트레이더들은 여전히 부정적인 의식 상태에서 벗어나지 못했고 '경기가 좋아 보이지 않으니 낙관적인 전망을 내려서는 안 되겠다'고 생각했다. 그 사람들이 간단하게 가격의 움직임을 살펴보았다면 차트를 통해

2009년 여름이나 가을에 다시 포지션을 넣어도 된다는 결론에 이르렀을 것이다. 그때부터 S&P 500 지수는 두 배 넘게 상승했다.

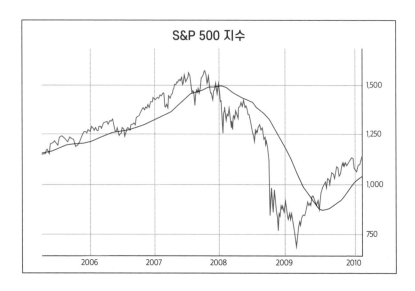

펀더멘털 트레이더들은 국채가 어마어마하며 다른 문제도 많다고 외쳤지만 S&P 500의 가격은 2009년 저점에 비해 3배나 상승했다. 펀더멘털과 시장의 온갖 문제에 전혀 개의치 않고 그 대신 가격의 움직임을 쫓아갔다면 당신은 놀랄 만큼 높은 수익을 얻었을 것이다.

기술적 분석은 과거를 분석하는 기법으로 펀더멘털은 전혀 고려하지 않은 채로 가격의 움직임만을 관찰한다. 그중에서도 통계적 우위를 찾기 위해 시장의 가격 움직임을 과거부터 현재까지 분석하는 전략을 구사한다. 장기적으로 보면 계속해서 되풀이되는 패턴이 존재하며 그 같은 패턴대로 꾸준히 거래하면 결국에는 우위에 서서 시장을 앞설 수 있다. 그렇고 그런 전문가들의 호언장담과는 달리 시장을 예측하는 일은 불가능에 가깝다. 시장은 예측을 뛰어넘는 곳이기 때문이다. 그저 시장이 움직일 때 그 움직임에 대응하는 것만이 가능하다.

이와 달리 과거의 통계를 바탕으로 한 전략은 시장 심리를 계량화된 수치로 나타내며 그러한 심리가 향후 가격의 움직임에 어떻게 반영될지를 알려준다. 그러므로 시장이 어떤 신호를 보일 때까지 기다린 다음에 검증된 전략을 토대로 그에 대응하면 된다.

기본적으로 해당 전략은 가격의 움직임을 바탕으로 사람들이 시장에 느끼는 감정을 계량화한다. 그러나 이때 장기적이고 통계적으로 유의미한 심리만을 대상으로 한다. 규모가 큰 표본을 통틀어 입증되지 않은 패턴은 무조건 배제된다. 모든 매수나 매도 제안은 전략에 프로그래밍된 타당한 논리와 통계 분석을 두루 참고하여 이루어진다.

내 접근법이 통하는 까닭은 실제의 역사적인 가격 움직임 데이터를 바탕으로 통계적 근거를 활용하기 때문이다. 가격 움직임 데이터를 활용하면 시장의 상황에 따라 제대로 대응할 수 있다. 펀더멘털로 따질 때 괜찮은 주식을 소유하더라도 시장 심리가 좋지 못하면 그 주식의 가격은 하락할 수밖에 없다.

2008년에는 수익률이 탄탄한 세계 최고 기업의 주식을 소유한 사람이었어도 시장 심리 때문에 막대한 손실을 입었다. 그 당시 주가가 일제히 떨어지면서 평균 하락폭이 50%에 이르렀다. 펀더멘털을 철저히 분석하고도 가격 움직임에 따른 출구 전략을 마련하지 못해 절반을 날리는 사람들이 허다했다. 수수료만을 노리는 금융인들의 조언만 들으면 이 같은 위험에서 벗어날 수 없다.

주식투자를 할 때 가격의 움직임을 살피지 않으면 주가가 어느 방향으로 가는지 가늠할 수 없다. 내가 모든 고객에게 가격의 움직임을 토대로 한 전략을 짜놓으라고 조언하는 까닭도 그 때문이다. 과거 15년 동안 훈련을 거듭하여 펀더멘털에 개의치 않게 되었지만 수수료를 노리는 '전문가'들은 그와 정반대로 펀더멘털에 연연한다.

나는 계량화되고 기술적인 접근법을 취한다. 전략을 세우고 검증한 뒤에 그 전략만을 따르는 것이다. 이렇게 확실한 전략을 마련해두면 그때부터는 다른 기술을 익힐 필요가 없다(뒷부분에서 검증된 전략 몇 가지를 제안할 것이다). 전략대로만 하면 된다. 펀더멘털 트레이딩은 기량이 매우 뛰어난 사람만이 시도할 수 있는 기법이다. 그러나 그 정도 기량을 갖춘 사람은 거의 없다. 나도 마찬가지다. 워런 버핏이 아닌 한 펀더멘털 트레이딩은 상상을 초월할 정도로 위험한 데다 딱히 좋은 성과를 내지도 못한다.

결국에는 컴퓨터 프로그램도 과학적으로 검증된 기능뿐 아니라 과거의 실적을 토대로 정해진 진입 규칙과 청산 규칙을 포함한 전략을 활용한다. 진입 규칙과 청산 규칙은 정확히 어떠한 조치를 취할지를 알려준다. 두 가지 규칙을 참고하면 매수, 매도, 관망 시점을 알 수 있다. 앞서 금의 사례에서 살펴본 대로 규칙이 하라는 대로만 하면 된다.

컴퓨터 트레이딩 프로그램은 과거의 투자 추세를 바탕으로 하며 충분히 검증된 규칙을 따르며 손절매 시점도 파악해낸다. 컴퓨터 프로그램을 활용하면 파산 위험(risk of ruin)에서 벗어날 수 있다. 반면에 펀더멘털 트레이더들은 위험하며 비과학적인 예측에 따라 주식을 거래하기 때문에 이들의 조언대로 하면 파산 가능성이 커진다.

기술적 트레이딩은 어림짐작과는 정반대되는 기법으로서 과거의 가격 데이터를 계량화한 기술적 분석을 토대로 한다. 시장 심리와 주가 예측의 가장 정확한 지표는 가격의 움직임이다. 그런 만큼 기술적 트레이딩은 가격의 움직임만을 주시한다.

자산운용사들은 예측을 통해 어떻게든 벤치마킹 대상을 앞서는 실적을 내려고 하지만 컴퓨터 트레이딩 프로그램은 모든 요소를 백테스트하므로 그 안에 내장된 규칙은 벤치마킹 대상보다 과학적으로 우월하다.

나는 과거부터 현재까지의 가격 움직임 데이터를 활용하는 전략들을 활용하지만 전략의 특성은 유형별로 천차만별이다. 고전적인 전략으로는 추세추종 전략이 있다. 이 책에서 다양한 전략을 다룰 예정이지만 추세추종 전략이야말로 가장 쉽고 간단해서 출발점으로 삼기 적합하다. 데이터를 통해 상승 추세에 있는 주식을 파악하는 방법이다.

주식이 상승 추세에 있을 때 그 추세가 지속되는 한 상승 흐름에 편승하리라 믿고 거래 주문을 입력하는 것이다. 데이터를 보면 청산 시점을 알 수 있으며 그 시점에 손절매하면 손해를 줄일 수 있다. 가격 움직임을 통해 어떤 기업에 대한 심리가 좋지 않다고 판단되면 그 기업의 수익률이 어떠하든 주식을 청산해버리는 것이다.

더 이상 언론 뉴스에 의존하여 어떤 기업이 좋고 나쁜지를 판단하지 않아도 된다. 가격이 모든 것을 결정 짓는다. 주가가 상승하는 기업이 바람직하고 주가가 하락하는 기업은 바람직하지 못하다고 보면 된다. 어떤 회사의 주식을 청산하는 까닭은 그렇지 않으면 손실을 보기 십상이기 때문이다.

어쨌든 과거 데이터를 활용하는 것보다 더 나은 대안은 없다. 수정 구슬을 들여다보면서 미래 성과를 점치겠는가? 아니면 과거 수익률에 대한 통계적인 근거를 바탕으로 한 신념을 활용하겠는가? 시장에 대한 건전한 개념에 바탕을 둔 거래 가설과 신념을 시험하고 그 진실 여부를 검증하기만 하면 장기적으로 수익을 얻을 수밖에 없다.

무엇보다도 주식 자동매매 전략을 활용하면 감정에 휩쓸리기 쉬운 주식 거래에서 감정을 배제할 수 있다.

한마디로 계량화된 전략이란 컴퓨터에 거래를 일임하는 것을 뜻한다. 날마다 컴퓨터의 지시대로 무엇을 사고팔지 결정하는 전략이다. 투자자가 자신의 신념을 컴퓨터에 미리 프로그래밍해두므로 컴퓨터의 제안에는 투자자의 신념이 깔려있다. 투자자가 데이터 연산을 컴퓨터에 맡긴 다음에 컴퓨터가 제공하는 명확한 지침에 따라 조치를 취하기 때문에 투자자의 결정은 주관적인 예감에 휘둘리지 않는다. 투자자는 검증된 전략을 참고하여 결정을 내린다. 즉 시장이 현재 상황에 대해서 보내는 신호에 대응하는 것이다.

사람들이 주식시장에서 실패하는 이유는 무엇보다도 감정에 휘둘리기 때문이다. 그러나 내 전략에서는 감정이 투자자의 결정에 아무런 영향도 미치지 못한다. 인간이 날마다 합리적인 컴퓨터처럼 행동하기란 불가능하지만 컴퓨터가 컴퓨터처럼 행동하기는 식은 죽 먹기다.

그러나 가장 중요한 점은 여러 가지 전략을 조합하여 활용해야 한다는 것이다. 예를 들어 추세추종만을 맹신해서는 안 된다. 내 거래 계획이 성공하는 까닭은 서로 관련 없는 전략 몇 가지를 동시에 구사하여 거래하기 때문이다. 이렇게 하면 모든 유형의 시장에서 수익을 얻을 수 있다.

평균회귀 전략은 추세추종과 정반대되는 전략이지만 두 가지가 조합되면 큰 효력을 발휘한다. 한 가지 전략이 먹히지 않더라도 다른 전략이 보완해주기 때문이다. 이와 관련해서는 4부에서 자신만의 전략을 구축하는 방법을 알아볼 때 좀 더 자세한 내용을 다루기로 한다.

다양한 목표를 향해 동시에 다양한 전략을 활용하여 거래하라는 이야기다. 기본적으로 시장의 상태는 상승세, 하락세, 보합세로 나뉜다. 더 나아가 시장의 특성은 변동성에 따라서도 달라진다. 그러나 여기서는 방향에 따른 상태만을 알아보기로 한다. 펀더멘털 트레이더처럼 롱 포지션만 고수하는 전략은 상승장에서 잘 통하지만, 시장이 변동하지 않는 보합세일 때는 수익으로 이어지지 않는다. 심지어 하락장에서 그 같은 전략을 고수하면 돈을 잃게 마련이다. 실제로 S&P 500이 56%, 나스닥이 74% 하락했던 2008년에 펀더멘털 트레이더들이 겪은 일이다. 그러한 전략으로는 나쁜 시기가 닥칠 때 좋은 시기에 얻었던 수익이 모조리 사라진다.

이제 서로 관련되지 않는 몇 가지 전략을 완벽하게 구사하는 방법을 알아보자. 우선 시장이 상승세일 때 수익을 가져다주는 전략으로 시작한다. 바로 장기 추세추종 전략이다. 해당 전략은 롱 포지션에 투자할 때만이 수익을 낸다. 추세가 꺾이기 시작하면 주가가 평균 수준에 도달할 때까지 롱 포지션이 강제 청산된다. 그 이외에도 상승장에서 잘 먹히는 전략으로는 평균회귀 롱(mean reversion long) 전략이 있다.

그러나 시장은 어느 시점에는 하락하게 되어 있으며 이때 투자자는 보유한 롱 포지션을 날리게 된다. 따라서 하락장에 대비하기 위해서는 공매도(short selling) 전략도 동시에 구사해야 한다. 이는 일종의 헤지(hedge, 자산의 가치 하락을 막는 보호 장치-역주)로서 시장이 반전하여 하락할 때도 수익을 낼 수 있도록 한다. 그렇다고 해서 공매도라는 헤지 전략에만 너무 의존하면 시장이 상승세로 돌아설 때 손실을 입게 되므로 주의해야 한다. 그러나 내 전략은 그 같은 위험에도 대비되어 있다. 자세한 내용은 잠시 후에 살펴보기로 하자.

공매도는 기본적으로 보험료다. 시장이 하락할 때에도 보호받을 수 있도록 돈을 치르는 것이다. 장세가 좋은 해에는 롱 전략으로 큰돈을 벌 수 있으며 공매도 전략으로도 적은 손실만 입는다. 그러나 2008년이나 그보다는 정도가 덜하지만 2016년 초와 같은 상황이 다시 한번 닥친다면 보험료를 치를 필요 없이 그 해를 플러스(+) 수익률로 마무리할 수 있다. 반면에 펀더멘털 트레이더들은 엄청난 손실을 입게 된다.

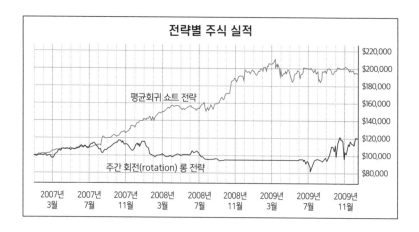

전략별 주식 실적

앞의 그래프에서 우리는 몇 가지 사실을 분명하게 확인할 수 있다. 2007년 말에 (검은색 선으로 표시된) 주간 회전 전략은 25% 정도의 손실을 내기 시작했다. 그러나 그와 동시에 (붉은색 선으로 표시된) 공매도 전략이 큰 수익을 내서 그 같은 손실이 벌충되었다.

2009년 중반에 상황은 반전되었다. 시장이 상승 추세로 진입했기에 주간 회전 전략이 끼어들 차례였다. 이에 우리는 장기적으로 다양한 거래를 실행하여 막대한 수익을 얻었다. 공매도 전략으로 입은 손실도 미미했다. 전반적으로 수익이 컸다.

이와 같은 추세추종 전략은 상승장과 하락장에서는 큰 힘을 발휘하지만 보합장에는 잘 들어맞지 않는다. 그렇다고 해서 우리가 추세추종 전략을 중단하는 일은 없다. 우리는 예기치 못한 시장의 변화에 철저히 대비하기 위해 동시에 모든 전략을 동원하여 거래한다. 따라서 보합장에서 효과를 거두는 전략도 마련해두었다. 바로 평균 회귀 전략이다.

평균회귀 전략은 사실상 추세추종과는 정반대되는 전략이다. 공포에 사서 탐욕에 매도하는 식이다. 어떤 주식이 과매도 되는 까닭은 그 주식과 관련하여 크나큰 공포가 형성되어 있기 때문이다. 평균회귀 전략에 따르면 공포의 순간이야말로 해당 주식의 매수 최적기다. 공포가 잦아들면 평균 주가로 되돌아갈 가능성이 우연에 그치지 않고 통계적으로 유의미하게 크기 때문이다. 주가가 평균으로 회귀하고 나면 다시 그 주식을 청산한다. 이 전략은 반대 방향으로 실행해도 효과적이다. 시장이 탐욕으로 가득하고 주식이 과도하게 매수될 때(즉, 시장이 지나치게 상승할 때)야말로 탐욕에 매도할 최적기다. 통계적으로 시장이 악재에 반응할 가능성이 우연일 경우보다 더 크기 때문이다.

공포에 사라는 까닭은 공포가 과도해져서 가격이 하락 중인 주식이라도 투자에 큰 위험이 따르지 않기 때문이다. 대규모 통계 표본 분석에 따르면 상황은 반전될 공산이 크다. 이때 표본 규모가 핵심이다. 근거인 표본이 고작 거래 30건 정도라면 가설이 진실일 통계적 확률이 낮다. 그러나 3,000건의 거래에서 추출한 과학적 근거로 뒷받침되는 가설이라면 진실일 확률이 높으며 십중팔구 장기적으로 성공하게 되어있다.

물론 이와 반대로 탐욕에 파는 행동도 필요하다. 이때도 가격의 움직임을 주시해야 한다. 추세추종 전략을 구사할 때는 '지금 가격이 상승하는 추세'임을 알려주는 지표를 찾아야 한다. 평균회귀 전략에서는 가격의 움직임을 포착해야 한다. 이를 통해 현재 과매도 되고 있으며 그에 따라 가격이 낮아질 가능성이 큰 주식을 찾아내야 한다. 공매도 전략을 실행할 때는 이와 정반대 조치를 취하면 된다. 어떤 주식이 지난 나흘에 걸쳐 15% 이상 하락했다고 치자. 이때 검증된 가격의 움직임 원칙은 다음과 같은 내용을 골자로 한다. '지난 나흘에 걸쳐 15% 이상 가격이 하락한 주식을 모두 사들인다면 평균 주가로 되돌아갈 확률이 우연보다 통계적으로 유의미하게 높다. 그러므로 이 전략을 꾸준히 구사한다면 장기적으로 상당한 수익을 얻을 것이다.' 이렇게 하면 강점을 확보할 수 있다. 우리는 통계적으로 검증된 강점이 있을 때만 거래한다. 일반적으로 평균회귀는 비교적 짧은 기간 동안 공포에 매수하거나 반대로 탐욕에 파는 전략이다.

보다시피 전략을 조합하면 시장이 어떻게 돌아가든 수익을 얻게 되어있다. 우리가 다양한 전략을 동시에 구사하는 까닭은 사실상 그 누구도 시장이 어떻게 움직일지 합리적이고 정확하게 예측할 수 없기 때문이다. 따라서 우리는 예측을 배제한다. 시장의 예측 불가능한 변덕에 휘둘리기보다 검증된 우리 전략에만 의존한다. 우리는 주식 선택은 워런 버핏처럼 일생동안 기량을 쌓은 천재만의 몫임을 인정하고 그 대신 인간의 결함을 보완해줄 컴퓨터 프로그램을 구축한다. 인간은 여러 방면으로 뛰어나지만 이 분야에서만큼은 컴퓨터에게 그 고되고 반복적인 작업을 모조리 맡기는 편이 합리적이다. 우리는 예언가가 아니며 컴퓨터처럼 빠르고 정확하게 연산을 해낼 수도 없다.

사람들은 대체로 롱 포지션(long position)이나 오픈 포지션(open position, 매입 초과 또는 매도 초과 상태에 있어 손실 위험에 노출된 포지션-역주)만 보유하는 경향이 있어서 시장 상황이 나빠지면 크게 놀라고 걱정한다. 텔레비전이나 인터넷에는 온통 불길하고 흉흉한 뉴스로만 가득하기 때문에 이들은 조치를 취하지 않고는 못 배긴다. 사람들은 남들이 펀더멘털 면에서 탄탄하다고 말하는 주식을 선택하고는 자신의 포지션에 대해 걱정을 멈추지 못한다.

그러나 주식 자동매매 전략이 있으면 뉴스에 귀를 기울일 필요가 없다. 주식 자동매매 전략은 상승장이든 하락장이든 보합장이든 어떤 유형의 시장에 대해서도 대비가 되어있다! 이처럼 모든 유형의 시장에서 수익을 내도록 설계되어 있기 때문에 당신이 할 일은 전략에 따라 거래를 추진하는 것뿐이다. 뉴스는 불필요해진다.

예를 들어 1929년부터 1932년까지 사람들의 주식 잔고는 날이 갈수록 줄어들었다. 다우존스와 S&P 500은 80% 넘게 하락했다! 그러한 시기가 다시 한번 닥친다면 롱 포지션과 쇼트 포지션을 모두 보유하고 있어 손실 위험에 노출되어 있지 않은 사람이 승자다. 다시 말해 상승장과 하락장에서 두루 통하는 전략을 설계하면 주식 거래라는 게임의 승자가 된다. 시장이 불가피하게 하락하더라도 정신적으로 고통받을 일이 없다. 장기적으로는 수익이 불어나게 되므로 마음을 놓을 수 있다.

투자는 내가 사는 동안 배워야 하는 과제다. 나는 아직도 잘못 예측하는 일이 많다. 예를 들어 2008년에 엄청난 하락장이 끝나고 2009년 3월이 되어서도 사람들은 1929년 대공황 때처럼 세상이 파국으로 치달을 것이라고 예측했다. 그들은 주가가 추가로 30% 정도 하락하리라 전망했다. 솔직히 나도 그 의견에 동의했고 최악의 상황은 아직 끝나지 않았다고 생각했다. 그러나 기대할 여지가 거의 남지 않고 극심한 공포가 감돌았을 때 시장은 다시 상승하기 시작했다. 시장의 가격은 사람들의 합리적인 분석이나 믿음과 정반대로 움직였다. 이와 같이 중요한 것은 가격뿐이다.

나도 다른 사람들처럼 내 개인적인 신념이나 의견을 따랐다면 손실을 입었을 것이다. 그러나 나는 내 전략을 신뢰했다. 개인적인 예측은 배제하고 서로 관련 없는 전략을 다양하게 조합하여 활용했다. 그 당시 이미 상승장 전략을 완성하여 활용하던 상태였고 그 덕분에 수익을 얻었다. 모든 작업을 자동화하고 개인적인 의견이나 신념을 배제하면 시장이 흔히 그러하듯이 비합리적으로 움직일 때라도 수익을 얻을 수 있다. 주식시장은 그 어떠한 예측도 불허하는 곳이므로 우리는 어떤 일이 일어나도 수익을 얻을 수 있도록 예측하지 않는 방향으로 계획을 세운다. 우리의 예측이 정확하기를 바라지 않는다. 그보다는 시장의 예측 불가능성을 받아들인다. 우리가 할 일은 기대를 낮추되 좋은 성과로 마무리하는 것이다. 인간 본연의 자만심과 주관을 억누르고 그 대신 합리적으로 행동하며 결국에는 수익을 얻는다.

그렇다면 자신만의 맞춤형 전략을 고안하려면 어떻게 해야 할까? 앞서 설명한 대로 전략은 자신의 예측이 아니라 믿음을 밑바탕으로 해야 한다. 믿음은 과거의 가격 움직임으로 백테스트할 수 있는 생각이다. 과거에 시장이 특정한 방향으로 움직였을 때 일어난 일을 바탕으로 한 것이 믿음이다. 이와는 달리 예측은 시장 전체의 광범위한 흐름에 대응하기보다 개별 기업을 평가한 결과에 의존한다. 개별 주식은 시장 심리에 좌우되므로 그 성과를 예측하기란 거의 불가능하다. 반면에 성능 좋은 컴퓨터에 자동화된 연산 작업을 맡기면 시장의 현재 상황이 모든 주식에 어떠한 영향을 끼칠지 파악하는 것이 충분히 가능하다.

그러나 전략마다 특성이 같지 않다. 자신만의 고유한 상황에 맞게 설계된 전략이 필요하다. 자신의 특성과 요구를 전략에 반영하려면 (3부에서 심층적으로 설명할) 사전 작업이 필요하다. 우선 내가 앞서 다뤘으며 이 책에서 내내 다룰 핵심 시장 원칙에서 시작해야 한다. 롱 포지션과 쇼트 포지션을 동시에 거래하고 추세추종과 평균회귀 전략을 동시에 구사하라는 이야기다. 이렇게 하면 시장이 어떻게 되든 든든해진다. 모든 시나리오에 대해 대비되므로 시장의 움직임을 예측하지 않아도 된다. 그러나 큰 틀과는 별개로 자신만의 믿음과 선호도를 파악하는 등의 세부 작업을 해야 한다. 그런 다음에 자신의 전략대로 거래하라. 시장 예측이라는 위험한 일을 하기보다는 시장의 가격 움직임에 대응하라.

나와 다른 믿음을 지닌 사람은 전략도 다르게 구축할 것이다. 그러나 시장에 대한 핵심 원칙을 명확히 이해하는 사람의 전략이라면 시장에서 효과를 발휘할 수밖에 없다. 예를 들어 내 전략-서로 관련 없는 12가지 전략 세트-은 쇼트 포지션 거래가 제한된 IRA (Individual Retirement Account, 미국의 퇴직연금계좌로 공매도가 금지되며 위험자산에 대한 투자가 제한됨-역주)나 401k 계좌 (근로자가 직접 운용하는 퇴직 연금 계좌-역주)를 운용하는 사람에게는 적합하지 않다. 방법은 롱 포지션 거래에 치중한 전략을 구축하는 것이다. 이렇게 하면 제약은 따르겠지만 그럼에도 쏠쏠한 수익을 얻을 수 있다. 다만 이 같은 전략은 지표상으로 하락장일 때 시장과 엇나가서 수익을 얻지 못한다는 차이점이 있다. 이때 내 전략은 수익을 가져다주겠지만 해당 전략으로는 손실을 입지 않되 수익은 얻지 못할 것이다. 그러나 상승장에서는 공매도라는 보험료를 치르지 않기 때문에 수익을 얻게 된다.

인버스 ETF(inverse exchange-traded fund, 역 상장지수 펀드로 지수가 하락하면 수익률이 오르도록 설계된 금융 상품-역주)에 투자하여 헤지로 삼는 방법이 있지만 이러한 파생상품의 구조는 오해를 불러일으키기 십상이니 주의할 필요가 있다.

전략이 완성되면 뉴스에서 눈을 떼도 된다. 연준 수치가 발표되더라도 신경 쓸 필요가 없다. 기업 보고서며 연간 수익 같은 것을 신경 쓸 필요가 없을 뿐 아니라 적극적으로 무시해도 된다. 그 시간에 자신의 삶을 풍요롭게 하는 일들을 할 수 있다. 그저 언제 무엇을 매입하고 청산할지 알려주는 전략만 따르면 된다. 가격의 움직임이 지시하는 방향으로 가기만 하면 된다. 컴퓨터가 모든 작업을 처리한 다음에 언제 사고팔지를 알려준다.

동시에 서너 가지 전략으로 거래하는 것은 문제 되지 않는다. 실제로 동시에 최대 12가지 전략을 구사하기도 한다. 컴퓨터 없이는 불가능한 일이지만 수년 동안 생각과 믿음을 프로그래밍하고 검증한 결과물이 자동화된 내 전략에 반영되어 있다. 이제는 컴퓨터 클릭 한 번으로 분석이 가능하다. 나는 마감 후 가격 데이터(end-of-day data)만 활용하므로 하루 30분 미만이면 분석을 끝낼 수 있다. 누구에게나 가능한 일이다. 장이 마감할 때까지 기다리다가 데이터를 내려받고 하면 새로운 거래 구조를 훑어본 다음에 주식 중개 플랫폼을 열어서 시장이 다시 열기 전에 거래를 입력하기만 하면 되는 일이라 세계 어느 곳에서도 할 수 있다.

이렇게 하면 투자자가 똑똑할 필요도, 성공할 주식을 고를 필요도 없기 때문에 감정에 사로잡혀 판단력이 흐려질 일이 없다. 개인이 시장을 능가할 정도로 비상한 기량을 발휘하기란 불가능하다. 투자자가 할 일은 전략을 따르는 것뿐이며 이 일은 누구나 할 수 있다. 시장 성과와 무관하게 수익을 거둘 전략을 마련해두면 시장에서 아무리 예기치 못한 일이 벌어지더라도 신경 쓸 필요가 없다.

투자자 대부분은 감정에 사로잡혀 손실을 입는다. 인간인 우리는 시종일관 침착성과 이성을 유지할 수 없다. 그러니 손실을 입을 때는 말할 것도 없다. 이런 이유로 자신의 리스크 감내 수준을 전략에 반영해야 한다. 잃어도 견딜 수 있는 최대 금액을 미리 정하는 것이다. 이렇게 해두면 컴퓨터의 지시에 따라 투자자는 정해진 한계점에서 거래를 중단할 수 있다. 훌륭한 전략을 고안하는 사람은 많지만 이들도 주가가 5~10% 하락하면 정신을 차리지 못하고 나쁜 결정을 내리고 만다. 그러나 고점대비 최대 손실폭(maximum drawdown, 이하 MDD)을 미리 정해놓으면 침착성을 유지할 수 있다. 최악의 사태에 대비하고 그 최악의 사태가 무엇이지 정확히 파악하고 있기 때문이다.

예를 들어 보유 주식의 20% 이상을 날리는 일이 없도록 자신만의 MDD를 정한다 치자. S&P 500의 MDD(50% 이상)와 비교하면 그리 큰 수치도 아니다. 나는 리스크 감내 수준을 각자의 MDD로 정의한다. 어떤 사람은 잔고의 20%를 날려도 된다고 말할지도 모르지만 직접 경험하면 그렇게 말하지 못할 가능성이 크다. 고객에게 감내할 수 있는 손실을 구체적으로 시각화하도록 하고 고객이 제시한 MDD가 정확한지 확인한다.

"20% 드로다운(drawdown, 고점대비 손실)도 무방하다 하셨지만 거래 잔고 100만 달러가 80만 달러로 줄어든다고 생각해보십시오. 20만 달러의 손실을 입어도 괜찮으시겠습니까?"

잠재적인 손실을 시각화하지 않고 장기적으로 회복 가능성이 있는 손실의 예점을 정해놓지 않으면 주가가 불가피하게 하락하는 순간 당신의 전략도 무효가 되며 크나큰 타격을 받게 된다. 전략의 힘을 믿어야 한다. 전략대로만 하면 장기적으로는 손실을 회수할 수 있다는 믿음 말이다. 스스로를 철저히 분석하여 자신이 감당할 수 있는 수준을 파악하면 큰 폭의 드로다운도 게임의 과정이라는 사실을 깨달을 수 있다. 장기적으로 수익을 거두려면 돈을 걸고 가끔 잃기도 해야 한다는 사실을 깨닫기만 하면 놀랄 일이 없다. 물론 전략을 따르는 투자자는 상승장과 하락장을 통틀어 지속적으로 수익을 얻을 수 있다. 다만 시장 상황이 아주 나쁠 때는 완벽한 전략으로도 손실을 볼 수밖에 없다. 펀더멘털 트레이더를 비롯해 그 누구보다도 적은 손실을 입겠지만 어쨌든 손실은 손실이다. 그러므로 어느 정도의 손실을 감내할 수 있어야 하고 오랜 시간에 걸쳐 과학적으로 입증된 전략의 결과를 신뢰해야 한다.

그렇다면 하루 30분으로 경제적 독립을 얻기 위해 자신만의 전략을 고안하기 전에 해야 할 일은 무엇일까? 첫째, 자신의 성격, 선호하는 생활방식, 거래에서의 가치관과 선호도를 파악할 수 있을 정도로 오랜 시간을 들여 스스로를 분석해야 한다. 예를 들어 당신이 주식 공매도를 선호하지 않는다고 치자. 그래도 된다. 그러나 전략을 짤 때 그 사실을 감안하지 않을 경우 컴퓨터의 지시를 따르기가 어려워져 실패하기 쉽다. 스스로에 대해 솔직해지고 반드시 전략을 따라야 한다. 사람은 자신의 믿음대로만이 거래할 수 있다. 그러한 믿음에는 올바르고 검증된 시장 원칙이 반영되어야 한다. 그러나 자신의 고유한 성격에도 부합하는 믿음이어야 한다. 올바른 원칙은 수도 없이 많다. 따라서 모두가 같은 전략대로 거래할 필요는 없다.

예를 들어 성급한 사람은 추세추종 전략을 구사하기가 쉽지 않다. 2~3개월 동안 수익을 전혀 내지 못한 채로 롱 포지션을 보유해야 하니 말이다. 오랫동안 기다리고도 성과를 내지 못하다가 마침내 크나큰 수익을 얻는 전략은 효과적이긴 하지만 지루하다. 참을성이 없는 사람은 수익이 빨리 나지 않으며 딱히 취할 조치도 없으니 쉽게 지루해지고 너무 빨리 청산하려 할 것이다. 추세추종 전략에 대한 믿음이 있어도 그 믿음이 자신의 성격에 부합해야 한다. 그렇지 않으면 참혹한 결과가 따르게 된다.

평균회귀 전략을 따를 때는 뉴스를 완전히 무시할 수 있어야 한다. 나는 뉴스를 전혀 안 본다. 평균회귀 전략의 원칙은 공포에 사서 탐욕에 파는 것이다. 뉴스를 보면 전문가들이 떠들어대는 소리의 영향을 받지 않기가 어렵다. 평균회귀 전략을 구사하려면 시장에 큰 공포가 존재할 때 매수해야 하며 군중이나 전문가 의견과는 반대로 나가야 한다. 그러나 공포에 사거나 탐욕에 파는 일이 누구에게나 적합한 것은 아니다. 평균회귀는 군중의 심리를 쫓아가는 추세추종과 정반대 전략이다. 주류 의견을 무시하고 군중과 어긋나는 길을 선택하는 것이 불편한 사람은 평균회귀 전략대로 거래하기가 어렵다.

그뿐만 아니라 자신이 선호하는 생활방식을 전략에 반영하는 것도 중요하다. 하루 30분만 시황을 지켜봐도 되는 생활을 원하는 사람은 내가 활용하는 것과 같은 전략이 어울린다. 1주일에 한 번이나 한 달에 한 번만 시황을 관찰하고 싶은 사람에게 적합한 전략은 따로 있다. 활동적이고 하루에 10건에서 50건까지 거래하고 싶은 사람도 다른 전략을 구사해야 한다. 나는 대기업 중역으로 일하며 전 세계를 돌아다니는 등 바쁘게 일하는 사람들을 가르친다. 너무 바빠서 하루에

30분도 내지 못하는 사람들이지만 그러한 사실을 전략에 반영하여 훌륭한 성과를 내고 있다. 사전에 명확히 수립된 전략이어야 의심이나 당황하는 마음 없이 어렵지 않게 따를 수 있다. 그렇게만 한다면 어느 전략이나 좋은 성과를 낼 수 있다.

시간과 노력을 들여 사전 작업을 한 후에 자신이 오랫동안 따를 수 있는 전략과 원칙을 마련한 후 이를 충실히 따르면 수익이 찾아온다. 사전에 스스로를 정직하게 파악하고 노력을 기울이면 엄청난 성과를 거둘 것이다. 실패하는 길은 스스로에게 솔직하지 않는 것뿐이다.

다른 내용을 살펴보기 전에 우리가 어떠한 상황에 직면해 있는지 이해할 필요가 있다. 금융회사는 S&P 500 같은 기준 지표 대비 자사의 성과가 얼마나 우수한지 떠들어대지만 기관 투자자 가운데 80% 넘는 사람들이 기준 지표를 앞서는 성과를 내지 못한다. 가장 큰 원인은 수수료 때문이다. 쉽게 이해하기 위해 1995년 이후 S&P 500의 성과를 살펴보자.

1995년 1월 2일-2016년 11월 23일	기준 지표
CAGR	7.45%
MDD	56.47%
연평균 변동률(Annual Volatility)	19.28%
최장 드로다운 기간	86.1
샤프 지수(Sharpe Ratio)	0.39
MAR	0.13
전년 동기 대비 수익률	8.25%
전월 동기 대비 수익률	3.83%
총 수익률	381.79%

　보다시피 기준 지표의 성과는 전혀 좋지 못하다. 연평균 성장률(CAGR)이 7.37%에 불과하며 MDD가 56%에 이르고 5년에 걸쳐 두 번이나 고점 대비 큰 폭으로 하락했음을 알 수 있다. 2000년이나 2007년처럼 주가가 고점일 때 시작한 사람이라면 드로다운에서 헤어 나오지 못한 채 5년을 기다려서야 간신히 손익분기점을 회복했을 것이다. 좋지 못한 성과다.

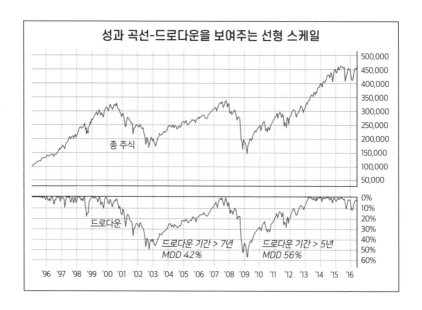

성과 곡선-드로다운을 보여주는 선형 스케일

총 주식

드로다운

드로다운 기간 > 7년
MDD 42%

드로다운 기간 > 5년
MDD 56%

'96 '97 '98 '99 '00 '01 '02 '03 '04 '05 '06 '07 '08 '09 '10 '11 '12 '13 '14 '15 '16

2009년 이후로 기준 지표와 전반적인 주가지수는 괜찮은 성과를 보였다. 그에 따라 매수 후 보유(buy-and-hold) 전략도 잘 통했다. 이것이 문제다. 그 때문에 사람들은 과거를 망각한 채 가까운 미래만을 바라보고 있다. 2000년, 2002년, 2008년 같은 시장 폭락은 시간문제일 뿐 다시 일어나게 되어있다. 어느 시점에는 반드시 닥칠 일이므로 우리는 미리 생존 전략을 마련해두어야 한다.

바로 앞에 나온 차트를 보면 주가지수를 쫓아가거나 주가지수와 밀접하게 연동된 뮤추얼 펀드(mutual fund)에 투자하는 것은 어리석은 짓이다. 시장이 하락하면 주식의 절반을 손해를 볼 수 있기 때문이다. 100만 달러로 시작해서 갑자기 50만 달러를 날린다면 어떻겠는가? 그때도 수익을 회수할 수 있다는 믿음을 유지할 수 있을까?

다음 장에서 간단한 전략을 세우는 법을 다룰 것이다. 기본적으로 정확한 거래 원칙을 바탕으로 삼고 간단한 지표를 따라가는 전략이다. 내가 얼마나 똑똑하고 훌륭한지 과시하려는 것이 아니다. 내 목표는 자신이 하는 일을 이해하고 금융 주류 세력의 조언을 무시하면 시장을 손쉽게 앞설 수 있다는 사실을 당신에게 알리는 것이다.

제2부

'전문가' 앞지르기

제3장

투자자의 돈을
뺏어가는 '전문가'

- 돈을 잃는 데에도 돈이 필요하다

텔레비전을 켜거나 기사를 읽을 때면 투자가 위험천만하며 시간만 잡아먹는 일이기에 전문가에게 계좌 관리를 맡겨야겠다는 생각을 하지 않을 수 없다. 금융 매체는 날마다 복잡한 숫자를 쏟아낸다. 이때 자산운용사 사람들이 갑자기 나타나서 당신의 손을 잡으며 수익을 가져다주겠다고 약속한다. 이들은 이렇게 말한다. "수익 보고서와 내부 정보를 확보하지 못하면 오랫동안 성과를 내는 최상의 주식을 선택할 수 없습니다. 고객님에게는 시간도, 정보도, 전문지식도 없습니다. 그러니 전문가에게 맡기세요." 이런 말을 들으면 주눅이 들고 자신감이 사라질 뿐만 아니라 혼란스러워진다.

무엇보다도 저 말은 순전히 헛소리다.

사람들은 흔히 수수료 기반의 자문 시스템을 통해 자산운용을 의뢰한다. 그러나 자산운용사의 시스템은 투자자 개개인의 수익을 극대화하도록 설계된 것이 아니라 고객에게서 수수료를 받아 자신들의 배를 불리도록 설계되어 있다.

대형 자산운용사는 투자 관리 명목으로 고객에게 매년 수수료를 청구한다. 게다가 고객의 주식을 사고팔거나 포트폴리오를 조정할 때도 거래 수수료와 성과 보수를 청구한다.

자산운용회사는 어느 곳이나 사실상 같은 전략을 활용한다. 매수 후 보유하는 전략이다. 주식을 선정하고 장기적으로 유지하는 것이다. 이들은 S&P 500 같은 시장 지수를 앞선다는 목표를 세운다. 대부분 펀더멘털 분석이라는 방법을 이용한다. 이들은 수익 보고서 같은 여러 가지 숫자 데이터를 들여다보면서 특정한 주식이 어느 방향으로 움직일지 추측한다. 이렇다 할 출구 전략도 없고 매수 후 보유 전략이 성과를 거둔다는 과학적 근거도 없다. 대형 금융회사들은 "시장은 시간이 흐르면 상승하게 되어있다"는 말로 자신들의 논리를 정당화한다. 그러나 여러 번의 시장 폭락을 경험한 사람이라면 시장이 불가피하게 급격히 하락하는 데다 반드시 회복하지만은 않는다는 사실을 잘 안다.

정확히 1929년과 2008년에 그러한 일이 일어났다. 타격은 극심했다. 1929년 대폭락 이후 1932년까지 하락장이 이어졌다. 다음에 나오는 도표에서 보듯이 그 당시 고점(~380)일 때 투자하기 시작한 사람은 88%에 달하는 드로다운을 경험했을 것이다. 이 경우 손실을 완전히 회복하는 데까지 걸리는 기간은 25년이다. 물론 25년을 기다릴 정도로 참을성 있는 사람은 드물다. 대규모 드로다운이 발생하면 사람들은 금융 자문사를 멀리하고 최소한 5~10년 동안 주식매매를 중단하는 경향이 있다. 그 와중에 극심한 손실은 그대로 남는다.

하락장에 대비하여 완벽한 전략을 마련해두지 않으면 감정에 이끌려 결정을 내리기 쉽다. 시장 상황이 안 좋을 때 투자자들은 최악의 시기에 포트폴리오를 청산하고 손실을 영원히 안고 가게 마련이다. 전략적인 결정에 따라 매도하는 것이 아니라 초토화된 은행 계좌에 놀라 매도하는 것이다. 이런 일을 겪지 않는 트레이더는 없다.

현실에 눈을 떠서 반드시 닥치게 될 하락장에 대비해야 한다는 사실을 자각하기 전까지는 나도 같은 일을 겪었다. 해결책은 자동매매 전략에 따라 롱과 쇼트를 동시에 거래하는 것이다. 명확한 전략을 미리 세워두지 않으면 드로다운에서 회복되기란 불가능하다. 십중팔구는 시장이 회복되기도 전에 주식을 청산하고야 말기 때문이다.

다우존스 산업지수

386.10(1929년 9월 3일) 일간 고점   395.70 (1954년 12월 13일) 일간 고점

드로다운 88%

드로다운 회복에 22년이 걸렸다!

43.50(1932년 6월 9일) 일간 저점

'29 '30 '31 '32 '33 '34 '35 '36 '37 '38 '39 '40 '41 '42 '43 '44 '45 '46 '47 '48 '49 '50 '51 '52 '53 '54

　시장은 반드시 하락하게 마련인데 그렇게 되면 매수 후 보유 전략에 따라 구성된 포트폴리오도 동반 하락한다. 그뿐만 아니라 대형 자산운용사는 수많은 고객을 확보하고 있기 때문에 유통 물량이 적은 주식(low-volume stocks)에 투자하라고 조언해주지 못한다. 고객 기반이 넓은데 유통 물량이 적은 주식을 거래하면 시장이 교란되고 거래 우위가 증발된다. 그래서 대형 금융 자문사는 큰 회사만 추천해줄 수밖에 없으며 그 결과 산업 전반이 타격을 입으면 이들의 거래 모형도 그만큼 큰 손실을 발생시킨다.

　무엇보다도 대형 자산운용사는 사람들이 시장에 돈을 투자할 때만 수익을 얻는다.

2008년 시장이 폭락하고 S&P가 56% 하락했을 때 금융 자문사들은 고객의 주식이 휴짓조각이 되는데도 주식을 그대로 두었다. 현명한 투자자라면 당연히 시장에서 발을 뺐겠지만 그렇게 했다가는 자기들이 수수료를 받지 못할 터였다. 자산운용사들은 고객의 돈을 관리하지만 고객과 동기가 다르다. 자산운용사에 돈을 맡기는 것은 과속을 즐기는 데다 남의 차를 망가뜨려 놓고 그때마다 돈을 청구하는 사람에게 자동차를 빌려주는 격이다.

시장이 폭락하면 자산운용사 어드바이저들은 "고객님 주식이 45% 하락했지만 주가지수는 56% 하락했습니다! 상대적으로 우리가 좋은 성과를 내고 있는 거죠. 시장은 장기적으로는 상승하게 되어있어요. 그때가 되면 돈을 회수하실 겁니다"라고 말하곤 한다. 그러나 그들은 시장이 언제 회복하고 얼마만큼 상승할지 알지 못한다. 그러는 동안 투자자는 어렵게 저축한 돈을 날렸다는 스트레스에 시달릴 수밖에 없다. 사실 다시는 그 돈을 구경하지 못할 가능성이 크다. 그러나 어드바이저들은 "이런 일도 견뎌내셔야 해요"라고 조언할 것이다. "과정의 일부"일 뿐이며 모든 투자자가 으레 겪는 일이라는 식으로 말할 것이다. 그러나 당신은 이 책을 읽고 나서 그런 이야기가 사실이 아님을 깨닫게 될 것이다.

실제로 시장에서 돈을 뺐으면 그런 고통을 견딜 필요도 없었다. 반면에 주식이 상승하든 하락하든 별 이해관계가 없는 사람에게 돈을 건넨 사람은 잔고가 바닥나는 결과를 받아들여야 할 수밖에 없다. 잔고가 회복되리라는 보장은 없다. '전문가'들은 고객과 다른 목표(즉, 수수료)를 추구하기 때문에 고객에게 거짓말을 하기 일쑤다.

실제로 드러나지 않는 수수료까지 모두 합하면 주가지수보다 좋은 성과를 내는 자산운용사는 10%도 되지 않는다. 자산운용사는 복잡한 분석을 시행하기 위해 많은 직원을 고용한다. 그리고 그 인건비를 관리 비용이며 거래 비용 명목으로 고객에게 전가한다. 심지어 성과 보수도 청구한다. 투자자가 주가지수에 직접 투자했다면 그 같은 비용을 전혀 낼 필요가 없었을 것이다. 돈 한 푼 들이지 않고도 자산운용사가 하는 일을 직접 할 수 있었을 것이다.

자산운용사들은 사람들이 자기들에게 의존하기를 바란다. 일반인이 혼자서 투자하는 것이 불가능하다는 식으로 호도한다. 그러나 투자자가 직접 투자 하는 일은 결코 불가능하지 않다. 자산운용사들은 대형 은행의 두뇌 비상한 애널리스트들만이 금융에 정통하다는 믿음을 퍼뜨린다. 그러한 애널리스트만이 기업 펀더멘털을 분석할 수 있으며 보유하기만 하면 계속해서 수익을 낼 수 있는 주식을 선택해 줄 수 있다고 주장한다.

그러나 대형 은행의 애널리스트들은 트레이더가 아니다. 애널리스트의 본업은 주식을 사고파는 일이 아니라 주식을 추천하고 사람들이 읽고 싶어 하는 보고서를 쓰는 것이다. 따라서 이들은 투자자의 주식이 오르건 떨어지건 아무 상관이 없다. 자기가 추천한 상품이 어떤 실적을 내든 보수만 받으면 된다. 이들은 투자자들이 손실을 입든 수익을 내든 연봉을 챙긴다. 주가지수가 죽을 쑤고 고객이 투자 자금의 절반을 날리더라도 주가지수보다 높은 수익을 내기만 하면 보수를 받는다. 사실 주가지수보다 좋은 성과를 내기만 하면 고객의 퇴직 연금이 증발해도 보수를 받을 뿐 아니라 상사로부터 칭찬을 듣고 성과급까지 받는다.

자산운용사에 투자를 맡기는 것은 야구 코치가 스포츠 칼럼니스트를 고용하여 경기 라인업을 맡기는 격이다. 코치가 코비 브라이언트한테 "미안해 코비. 하지만 칼럼니스트가 자네가 요즘 신통치 않으니 오늘 저녁 경기에서 빼라고 했어"라고 하는 식이다. 팀이 경기에서 져도 칼럼니스트가 해고되지 않고 연봉을 챙기지만 코치는 해고되는 것과 다를 바 없다. 황당한 이야기 같지만 금융계의 실상은 이와 다를 바 없다.

자산운용사의 동기는 고객과 다를 뿐 아니라 그들의 전략에는 결함이 있다.

2009년 이후 최근까지 이어진 강세장이나 상승장 같이 특정한 시기에는 이들의 전략이 맞아떨어진다. 그런 시기에는 매수 후 보유 전략이 효과적이다. 그러나 시장은 반드시 변화하게 되어있으므로 그 같은 전략은 지속 가능하지 못하다. 조만간 1929년 대공황이나 2008년 세계 금융위기 때처럼 시장이 대폭락하는 참사가 일어날 수밖에 없다.

사실 이 글을 쓰는 2016년 10월 같은 호황기가 가장 위험하다. 2009년 이후로 상승세를 탄 시장에서 매수 후 보유 전략은 그 어떠한 과학적인 전략보다도 더 훌륭한 성과를 내왔다. 그 때문에 경험이 풍부하지 않은 트레이더라면 매수 후 보유가 효과적이며 주식은 장기적으로 오르게 되어있다는 확신을 품기 쉽다. 이 같은 상황이 길어질수록 시장에 투자되는 멍청한 돈도 늘어날 것이며 좋은 시절이 끝나고 나서 더 대대적인 침체기가 닥칠 것이다. 과도한 탐욕이 과도한 공포라는 정반대 반응을 유발하면서 시장은 급속도로 폭락할 것이다.

다른 사례로는 닷컴 거품이 붕괴했을 때를 들 수 있다. 1995년부터 2000년대 초까지 상승장이 이어진 바 있다. 모든 투자자가 기술주에 롱 포지션으로 투자하여 연간 30~50%의 수익을 손쉽게 벌어들였다. 모든 것이 상승세였다. 그러다가 2년 만에 나스닥 지수가 80% 폭락했다.

나스닥 지수

다양한 경고 신호:
200일 이동 평균 아래로 마감되는 일이
되풀이되었다.

나스닥 100은 2.5년 만에
5배 가까이 상승했다.

이 같은 추세는 여러 번 반복되었다. 탐욕에 빠지지 말라. 어렵게
모은 저축을 날리지 않으려면 하락장에 대비하라.

펀더멘털 트레이더들은 "펀더멘털 분석에 따르면 이 주식의 가격
은 X로 책정되어야 한다."고 말한다. 그런 다음에 "경영진이 탄탄하
므로 이 회사의 주가는 올라갈 것이다."라는 점괘를 낸다. 그러나 숫
자 몇 가지만으로 어떤 회사에서 벌어지는 일을 속속들이 파악할 수
는 없다. 그렇게 할 수 있다는 주장은 사이비 과학에 불과하다.

제4장

주식 자동매매 전략의
효과를 입증하는 근거
- 계량화된 접근법을 활용하라

어떤 기업의 주가는 펀더멘털로 결정되지 않는다. 시장의 가격은 흘러들어오고 나가는 돈에 따라 결정된다. 다시 말해 수요와 공급이 가격을 결정짓는다. 가격은 수요를 창출하는 트레이더와 투자자의 심리에 의해 정해진다. 주식시장에서의 수요는 주식을 사고팔려는 기본적 욕구를 뜻한다. 주가는 기업의 펀더멘털이 아니라 트레이더들의 종합적인 인식으로 좌우된다. 간단히 말해 시장이 기업을 호의적으로 바라보면 그 기업의 주가는 상승한다.

2008년에는 주가 수익률 등의 펀더멘털이 탄탄한 세계 최고 기업의 주식을 소유한 투자자라도 시장 심리 때문에 막대한 손실을 입었다. 모든 주식의 가격이 하락했으며 그 평균 하락 폭은 50%에 달했다. 펀더멘털 분석이 완벽했다 하더라도 가격의 움직임에 따른 출구 전략을 마련하지 못한 탓에 주식 가치의 절반을 날리는 사람들이 많았다.

"나는 이 주식을 믿어", "내 생각에 경영진이 훌륭해", "주가가 하락 중이지만 그런 만큼 우리가 좋은 가격에 주식을 확보할 수 있을 거야"라는 식으로 펀더멘털에 의존할 경우 손실을 내고 있는 주식을 그대로 보유해야 한다는 비합리적 확신에 빠져들기 쉽다. 2000년대 엔론의 사례처럼 주식이 계속해서 하락할 때도 언론은 "저렴한 가격에 이 훌륭한 주식"에 올라타라고 부추겼다. 그러나 현실은 가차 없다. 그런 상황에서는 투자 자금을 모조리 잃게 된다. 실제로 엔론의 주식은 휴짓조각이 되었다.

가격의 움직임에 따른 출구 전략을 마련하지 않으면 기업 보고서와 뉴스에 의존할 수밖에 없다. 가격을 무시하면 제2의 엔론 사태 같은 위험에 노출된다. 주식이 70% 하락할 때까지 기다려서는 안 된다. 은행과 애널리스트들이 팔라고 할 때에야 보유한 주식을 청산하면 너무 늦다. 그 경우 막대한 손실을 입게 될 것이다.

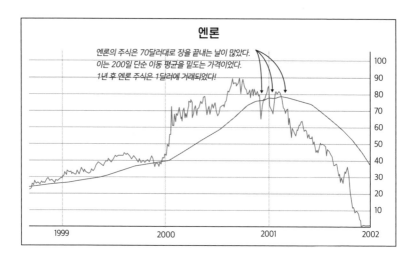

엔론

엔론의 주식은 70달러대로 장을 끝내는 날이 많았다.
이는 200일 단순 이동 평균을 밑도는 가격이었다.
1년 후 엔론 주식은 1달러에 거래되었다!

주가 수익률을 정하는 요소 중 하나가 순이익이지만 대부분의 기업 보고서에는 명확하고 솔직한 현실이 반영되지 않으므로 주가 수익률은 참고할 만한 것이 못 된다. 대개는 조작된다.

사례와 같은 유형의 추세추종 전략을 따른 투자자라면 엔론이 파산할 때까지 엔론 주식을 그대로 보유하지 않았을 것이다. 그러나 엔론의 주가가 52주 최고가인 84.87달러에서 4.14달러로 폭락한 2001년 말까지도 RBC 캐피탈 마켓과 UBS 워버그 같은 증권사는 펀더멘털 분석에 따라 '적극 매수(strong buy)' 의견을 유지하며 엔론의 등급을 낮추지 않았다.

다음 표는 추세추종 전략에 따른 9가지 출구 전략을 보여준다. 모두 간단하며, 마법의 공식을 따르는 것은 없다. 게다가 가격의 움직임을 따른다는 한 가지 공통점을 지닌다. 9가지 출구 전략 모두 애널리스트 보고서와 주가 수익률은 감안하지 않으며 가격의 움직임 하나만 보고 청산 시점을 정한다.

이처럼 다양한 전략 가운데 하나만 따랐어도 참사를 쉽사리 피할 수 있었을 것이다. 유형별로 청산 시점은 조금씩 다르지만 가격의 움직임만 주시했더라도 막대한 손실을 입지 않았으리라는 근거는 명확하다. 어떤 유형을 선택하느냐는 그리 중요하지 않다. 문제는 출구 전략이 없는 사람들이 대다수라는 점이다.

추세추종 청산 전략	엔론 주가	청산일
200일 최저가	63.50	2001.3.12
100일 최저가	68.87	2000.11.30
200일 이동 평균	77.50	2000.11.24
50일~200일 이동 평균의 교차점	62.25	2001.3.13
30일~100일 이동 평균의 교차점	71.50	2001.2.23
15% 추적 손절매(Trailing Stop)	67.40	2001.3.1
25% 추적 손절매	61.27	2001.3.12
3 ATR 추적 손절매	73.80	2001.2.21
10 ATR 추적 손절매	59.85	2001.3.21

투자자들이 의존하는 수익 정보가 정확하지 않을 때 어떤 일이 일

어날까? 엔론 때처럼 망하게 된다. 거래 결정을 내릴 때는 가격의 움직임을 기준으로 삼아야 한다. 수수료를 수입원으로 하는 금융회사들은 그렇게 하지 않으므로 이런 회사의 고객들은 파산의 위험에 노출된다.

당신은 어째서 그 모든 위험을 부담하면서도 신통치 않은 전략을 제시하는 금융회사들에 돈을 치르는가? 금융회사는 당신이 손실을 입어도 수수료를 챙긴다. 투자자에게 결코 유리하지 않은 전략을 따르는 이유는 무엇인가?

당신은 그런 전략에 의존하기에는 훨씬 더 똑똑한 사람이다. 이 책을 고른 것만 보더라도 알 수 있다.

내가 이 책을 쓰는 이유는 주식 선정에 관한 내 전문지식을 판매하기 위해서가 아니다. 주식 선정으로는 성공을 거둘 수 없다. 나는 누구나 효과적인 주식 자동 거래 전략을 마련할 수 있다고 확신한다. 그 같은 전략만 있으면 하루에 30분 이상 주식 거래에 시간을 쏟을 필요가 없으며 지속적으로 시장보다 더 좋은 성과를 낼 수 있다. 특히 다양한 전략을 동시에 구상하면 시장이 하락하더라도 수익을 얻을 수 있다.

계량화된 접근법을 활용하라는 이야기인데 검증된 규칙과 과거의 가격 움직임 데이터를 컴퓨터에 프로그래밍해두면 컴퓨터가 그 모든 반복 작업을 대신 수행한 다음에 거래 결정에 참고가 될 데이터를 산출해낸다. 이는 미래지향적이고 '전문가'의 예언에 돈을 치르는 전략과는 거리가 멀다. 그보다는 과거지향적이고 통계적 근거를 토대로 한 전략이다.

이렇게 하면 컴퓨터가 무슨 조치를 취해야 할지 알려주므로 가짜 정보가 가득한 TV 뉴스에 신경 쓸 필요가 없다. 거래를 할 때 혼란과 스트레스를 느끼지 않아도 된다.

물론 장기적으로 수익을 얻으려면 자신에게 딱 들어맞는 전략을 찾아내고 고안하는 선행 작업이 필요하다. 이 책에서 당신에게 그 과정을 단계별로 설명하여 더 이상 전문가에 의존할 필요 없이 스스로 수익을 얻을 수 있도록 돕고자 한다(실제로 내가 개인 지도하는 고객들도 나로부터 같은 내용을 배워간다).

그 과정은 다음과 같이 진행된다.

첫째, 주식시장이 어떻게 돌아가는지 가설을 세워야 한다. 성공적인 주식매매를 위해서는 자신의 믿음을 명확히 규정해야 한다. 성공적인 거래 전략의 핵심 교리는 믿음이다. 명확한 믿음 없이는 규칙을 정할 수도, 전략을 성공적으로 구사할 수도 없다.

그다음에는 그러한 믿음을 활용하여 규칙을 토대로 한 진입 기준과 청산 기준을 세워야 한다. 즉, 어떤 주식을 사고팔지에 대한 기준을 마련해야 한다. 믿음이 명확해지고 건전한 시장 원리에 따라 검증되면 구체적인 규칙으로 계량화되어야 한다.

규칙이 구체적일수록 주식 거래도 용이해진다.

그런 다음에는 프로그래머가 백테스팅 소프트웨어로 그 모든 것을 알고리즘화해야 한다. 이 단계를 전담할 프로그래머를 고용했다. 인간의 두뇌로는 날마다 그 많은 양의 정보를 처리할 수 없기 때문에 연산 작업은 컴퓨터에 맡겨야 한다. 믿음과 규칙을 자동화하면 컴퓨터가 몇 분 내에 그 정보를 평가한다. 이렇게 하면 시간이 절약될 뿐 아니라 인간 특유의 편향성이 배제된 연산 결과를 얻을 수 있다. 컴퓨터는 전략을 연산 처리하여 정확한 데이터를 산출한다.

그리고 나서는 과거의 주식 데이터를 제공하는 업체를 이용하여 전략을 백테스트해야 한다. 전략을 실행하기 위해서는 그 전략이 우위를 지닌다는 과학적 증거가 필요하다. 검증되지 않은 전략으로는 손실을 입게 된다.

우선 전략이 우위를 지니는지 확인한 다음에 그 전략을 계량화해야 한다. 그렇게 해야 미래에 어떤 일이 예상되는지 파악할 수 있다.

마지막으로 원하는 결과를 얻기 위해서는 전략을 최적으로 조합한 다음에 그 조합으로 실제 거래가 가능한지 확인할 필요가 있다. 데이터 제공업체를 찾고 규칙을 정확히 암호화하고 나면 구체적인 과정을 통해 매개변수를 정확히 규정해야 한다. 이는 가장 좋은 성과를 내는 매개변수를 만드는 작업이 아니다. 과거의 성과가 미래의 성과를 보장하지는 않기 때문이다. 우연히 성과가 일치할 수 있을 뿐이다. 그보다는 매개변수의 신뢰도를 검증하는 작업이다. 미래에도 제대로 작동할 수 있을지 확인해야 한다는 뜻이다. 탄탄한 전략을 세우기 위해서는 반드시 필요한 일이다.

전략이 완성되기만 하면 실행하기는 식은 죽 먹기다. 날마다 일간 주가 변동 데이터를 내려받은 다음에 소프트웨어와 전략의 기준에 적합한 주식을 규정한 코드로 스캔한다. 버튼 몇 개만 클릭하면 이 두 가지 행위를 끝낼 수 있다. 나머지 작업은 컴퓨터가 도맡아 한다.

소프트웨어가 날마다 제공하는 매수 주문과 매도 주문을 중개 플랫폼에 직접 또는 자동으로 입력하기만 하면 그날 할 일은 끝이다.

보다시피 이 과정은 3가지 부분으로 나뉜다.

1. 주식시장과 수익 창출 방법에 대한 믿음 규정
2. 프로그래밍과 검증
3. 실행

보기에는 엄청난 작업이 필요해 보이지만 사실은 그렇지 않다. 2007년에 내 믿음을 전략으로 전환하기 시작했고 전략을 완벽히 다듬는 데 많은 시간을 들였다. 그러나 전략을 완성하고 나면 평생 그 전략을 써먹을 수 있다. 전략을 세우는 데는 고된 작업이 필요하지만 전략은 평생 동안 자산을 제공한다.

내 경우에 현재 주식매매 전 과정에 걸리는 시간은 하루 30분도 되지 않는다. 내가 할 일은 실행뿐이다. 다시 말해 버튼 몇 개를 클릭하고 주문을 중개 플랫폼에 입력하면 내 할 일은 끝이다.

제3부

완벽한 30분 주식매매 전략 세우기

제5장

필요조건
- 너 자신을 알라

자신만의 30분 주식매매 전략을 세우려면 자기 자신부터 파악해야 한다. 주식 거래를 할 때 당신은 어떤 모습인가? 당신의 성격에 가장 잘 맞는 주식매매 전략은 무엇일까? 초조해하는 성격인가? 아니면 초연한 편인가? 군중을 따라가는 경향인가, 아니면 독립적으로 사고하는가? 이런 특성을 보완하거나 유리하게 이용하려면 어떻게 해야 할까?

자기 자신을 파악하려면 스스로의 성격 유형, 강점, 믿음 등의 3가지 요소를 파악해야 한다(믿음은 심리적 믿음, 전략에 대한 믿음, 포지션에 대한 믿음으로 나뉜다). 자기만의 전략을 세우려면 우선 이 3가지 요소의 측면에서 스스로를 규정해야 한다. 그렇게 하지 않으면 반드시 실패하게 되어있다. 먼저 성격 유형에서부터 시작하자. 자기 성격을 파악하고 시장 원리에 자신의 성격을 맞출 방법을 찾는 작업은 필수다. 참을성 없는 성격이면 그 점을 전략 구축 시에 감안해야 한다. 자제력이 강한 사람은 고빈도 매매(high frequency trading, 알고리즘 매매의 일종으로 초단타 매매라고도 함-역주) 전략을 활용하면 되지만 그 이전에 자신이 정말로 자제력이 강한지 확인할 필요가 있다. 정해진 일과를 따르기 어려울 정도로 자제력이 약한 사람은 그 특성을 보완할 전략을 마련해야 한다. 예를 들어 1주일에 한 번만 매매하는 전략을 활용하는 편이 적합하다. 하루라도 뉴스를 놓치지 않는 사람은 그러한 특성의 잠재적인 폐해를 깨달아 그에 따른 계획을 세워야 한다.

주식매매의 성공 비결은 시장에 대한 자신의 우위를 파악하고 계량화하는 것으로 요약된다. 스스로를 이해하고 주식매매에 자신의 믿음을 반영할 방법을 찾는다면 큰 우위를 확보할 수 있다. 쉽지 않은 일이지만 이를 통해 말 그대로 막대한 배당 이익을 얻을 수 있다.

누구나 머리로는 그렇게 해야 한다는 것을 잘 안다. 그러나 실제로 자기 자신을 분석하는 일에 시간과 노력을 쏟는 사람은 드물다. 그 결과는 참혹하다. 나도 같은 실수를 저질렀기 때문에 잘 안다. 나는 어렵게 교훈을 얻었지만 당신은 그렇게 할 필요가 없다.

먼저 나는 인간 본성의 한계를 인정하는 법부터 배웠다. 우리는 자신이 그 한계를 초월할 수 있다고 생각하지만 사실은 그렇지 못하다. 우리의 한계는 타고난 천성 그 자체이기 때문이다. 이제 내가 익힌 보편적인 원칙 몇 가지를 알아볼 차례. 나는 그 원칙들을 간과했다가 그 대가를 톡톡히 치렀다.

손절매는 인간 본성에 어긋난다. 손실을 입었을 때 주식이 반등하기를 기다리는 것이 인간 본연의 모습이다. 매몰 비용 오류(sunk cost fallacy, 이미 지불한 비용에 대해 비합리적으로 집착하는 현상-역주) 때문이다. 인간의 뇌는 스스로의 실수를 인정하지 않으려 한다. 그래서 자신이 실수하지 않았으며 지금의 손실은 앞으로 얻을 수익의 한 부분이라며 결과를 재구성하면 쓰라린 감정을 털어버릴 수 있다. 매몰 비용 오류에 빠지면 매매 한 건의 결과보다 앞으로의 매매 수천 건이 낼 성과가 중요하다고 믿는다. 그러나 손절매는 피해야 할 일이 아니라 대부분의 경우 투자자가 할 수 있는 최선의 선택이다. 추가 손실을 막아 잔고가 바닥나지 않도록 하는 것이 손절매다.

그다음으로 매도 결정이 최초 매입 가격의 영향을 받는 일이 없도록 해야 한다. 최초 매입 가격에 집착하다가는 매몰 비용 오류에 빠지거나 반대로 주식의 가치에 비해 수익을 충분히 뽑아내지 못했다고 생각하기 쉽다. 최초 매입 가격에 얽매이면 객관성과 합리적인 사고방식을 잃게 된다.

역시 머리로는 이해하기 쉽지만 실행에 옮기기는 어려운 일이다. 우리는 결정을 내릴 때 생각보다 감정의 영향을 많이 받는다. 실제로 포지션을 손실로 청산하기 싫어서 주식을 팔지 않는 사람이 대부분이다. 터무니없이 들리지만 사실이다. 시장은 투자자가 주식을 얼마에 샀는지에 관심이 없다. 그러니 주식매매 결정 시에 진입 가격에 휘둘릴 필요가 있겠는가?

이 모든 사실을 실제 경험을 통해 깨닫는 일은 반드시 필요하다. 예측 불가능한 시장에 대해 자신의 감정적 반응을 일일이 추정하는 것은 불가능하기 때문이다. 수익을 얻을 때와 그보다 더 중요하게는 손실을 입을 때 어떤 감정인지 느껴볼 필요가 있다. 읽고 연구함으로써 주식매매 방법을 터득했다고 믿기 쉽지만 (누구나 경험하는) 지속적인 손실로 자신의 마음이 어떤 영향을 받는지 알기 전에는 본격적인 주식매매에 뛰어들 준비가 되어있지 않은 것이다. 우선 잃어도 될 만큼의 소액으로 거래하기 시작하라. 그 경험을 일종의 수습 기간으로 간주하라. 대가를 치르고 값싼 실패를 통해 교훈을 얻으라. 그렇지 않으면 값비싼 실패를 맞이하게 되어있다. 주식매매에서의 지나친 자신감은 인생을 망가뜨릴 수 있다.

주식투자 초보 시절의 나는 순진하기 짝이 없었다. 3만 달러의 초기 자본으로 1년에 10만 달러 넘게 벌 생각을 하고 있었다. 터무니없는 목표였다. 그러다 보니 불안해졌고 지나치게 공격적으로 주식을 사고팔았다. 그러나 나만 그런 것이 아니었다. 나와 일한 사람들 중에서도 연간 300% 이상의 수익을 기대하는 사람이 많았다. 그 사람들이나 나나 공격적인 주식매매에 심각한 리스크가 따른다는 사실을 알지 못했다. 나는 자본이 부족했고 큰 어려움을 겪었다.

설상가상으로 내게는 계획이나 전략도 없었다. 그저 잘 나가는 트레이더가 되고 싶었다. 명확하고 현실적인 목표를 세우고 그 목표를 이룰 방법을 찾아야 했지만 그러지 못했다. 남들에게 이 흥미진진하고 숨 가쁘게 돌아가는 세상을 지배하는 부유한 트레이더의 모습으로 비춰지고 싶었다. 어리석은 생각이었다. 그보다는 계획을 세웠어야 했다. 주식을 매매할 때 활용할 전략을 정한 적도, 어떤 전략이 내게 맞을지 생각해본 적도 없었다. 펀더멘털 방식으로 할지, 알고리즘 방식으로 할지, 아니면 기술적 분석을 활용할지 고민하지 않았다.

날마다 모니터 앞에 앉아서 뉴스와 차트를 보고 내 생각에 가격이 상승할 것 같을 때 주식을 샀다. 항상 스톱 주문(stop, 주식이 조건에 명시된 가격으로 시장에서 거래될 때 실행되는 주문-역주)을 걸었지만 합리적인 전략을 토대로 매수나 청산 시점을 결정한 적은 없었다. 그저 짐작만 했다. 그러나 경험이 있으니 가격의 움직임을 '직감'할 수 있으리라 확신했고 내가 부자가 될 줄 알았다.

3만 달러의 계좌로 생활비라도 벌려면 엄청난 리스크를 감수해야 했다. 내 주식 계좌 잔고는 하루에 10%씩 늘어났다가 줄어들기 일쑤였지만 아무 생각이 없었다. 그저 실패의 여지가 없는 100% 완벽한 전략을 찾아내기 일보 직전이라고 믿었다.

내 주제를 파악하지 못했다. 내 장점도, 단점도 알지 못했다. 내가 어떤 사람인지 알지 못했다. 그러므로 내 비교우위가 무엇인지도 몰랐다. 인간 심리에 대해 지식이 없었고 나 자신을 분석하지도 않았다. 주식매매는 프로 스포츠에 비견될 수 있다. 제대로 된 정신 수련, 훈련, 전략이 있어야만 승리할 수 있기 때문이다. 주식매매는 심리전이지만 무지한 상태로 전쟁터에 나갔다. 성공한 트레이더가 될 가능성이 없었다.

돌이켜 생각해보면 살면서 모험을 해본 적이 없었기 때문에 트레이더가 되고 싶었던 것 같다. 나는 주식매매에 뛰어들면 모험을 즐기는 동시에 부자가 될 수 있으리라 생각했다. 그러나 몇 년에 걸쳐 내 생각, 믿음, 심리를 전환한 끝에 주식매매처럼 짜릿한 모험을 추구하기에 적합하지 않은 분야도 없다는 사실을 깨닫게 되었다. 시장에서 모험을 추구하다 보면 실패는 떼어 놓은 당상이다. 주식매매를 할 때는 적절한 동기가 있어야 한다. 모험을 원하면 다른 분야를 찾으라. 그런 이유에서 나는 모험 스포츠를 즐기고 여행을 꾸준히 다닌다.

몇 년이 걸려서야 아무것도 없는 상태에서 성공적인 전략을 세우는 방법을 알아냈다. 주식매매에 대한 건전한 가치관과 개인적인 신념을 토대로 하며 샤프 비율(Sharpe ratio, 보상 대비 리스크 수준)이 1.5 정도로 비교적 낮게 설정된 전략이 '완벽한' 조합을 찾아내기 위해 철두철미한 백테스트를 거친 후에 탄생한 전략보다 한층 더 효과적이라는 사실을 깨달은 것이다. 지속성 있고 그 어떠한 시장 환경에서도 든든히 견디는 전략을 마련하려면 건전한 믿음과 개인화가 가장 중요하다. 믿음을 바탕으로 한 전략은 그 어느 전략보다도 더 효과적이다. 주식매매 전략이 믿음으로 뒷받침될 때는 전략을 활용하는 데 어려움이 따르지 않기 때문이다. 그저 그 전략을 따르기만 하면 된다.

전략대로 거래하는 목표를 세우는 것은 중요하다. 그러나 전략에 자신의 진정한 믿음이 깔려있지 않으면 시장 상황이 불리할 때 그 전략을 저버리기 쉽다. 그런 일이 일어나지 않도록 하라.

주식매매 경험이 없는 사람은 (4부에 소개하는 것처럼) 검증된 전략을 입수할 수 있어야 한다. 그러고 나서 전략을 실행하고 그 과정에서 교훈을 얻기만 하면 된다. 주식매매를 시작하는 사람 대다수는 자신이 독자적이고 고유한 전략을 고안해 낼 수 있으리라 생각한다. 그러한 생각은 뇌수술에 관한 책 네 권을 읽고 나서 수술실로 들어가겠다는 생각과 다를 바 없다. 그래도 주식매매는 접근하기 쉬운 편이다. 주식 중개 계좌를 개설하면 보너스를 받는다. 중개업체에 수수료를 가져다줄 투자를 유도하기 위해서다. 주식매매라는 게임에 뛰어들면 그만두기가 어렵다. 초보도 프로와 같이 게임에 임할수 있지만 십중팔구 프로에게 진다.

우선 주식매매와 관련하여 자기 자신의 특징을 빠짐없이 글로 적어보라. 흔히 그러하듯 스스로를 건성으로 평가하는 실수는 저지르지 말라. 그렇게 하다가는 앞으로의 재정 상황이 파탄 날 것이다.

나는 MBTI 성격 테스트가 매우 정확하다고 생각한다. 전략을 세우기 전에 반드시 자신의 MBTI 유형을 알아보라. 스스로를 정해진 틀에 가두고 특정한 유형의 투자자로 규정하기 위해서가 아니다. 타고난 성격이 주식매매에 어떠한 영향을 미칠지 알아보기 위해서다. 그런 다음에는 자신의 약점을 개선할 수 있는 조치를 찾아낼 수 있게 된다.

MBTI 성격 테스트는 4개의 이분 척도(dichotomy)를 토대로 한다. 개개인은 각 범주별로 두 가지 측면 중 하나에 더 가깝다. 양자택일이라기보다는 둘 중 어느 측면에 가까운지 보는 것이다.

먼저 성격은 외향성과 내향성으로 나뉜다. 그런 다음에 감각형과 직관형, 사고형과 감정형, 그리고 판단형과 인식형으로 나뉜다.

MBTI 성격 테스트에는 16가지 성격 유형이 있는데 성격 유형은 4가지 이분 척도에 대한 개인의 선호 경향이 조합되어 정해진다.

주식매매의 측면에서 외향성인 사람과 내향성인 사람의 차이를 느낀 적이 없지만 다른 이분 척도의 경우에는 그 차이가 상당하다.

직관을 선호하는 사람은 감각을 선호하는 사람-세부사항을 중시하는 유형-에 비해 전체적인 상황을 통틀어 보는 경향이 있다. 전략 개발의 측면에서는 직관형이 더 유리하다.

사고형과 감정형 중에서는 사고형이 훨씬 더 유리하다. 주식을 사고파는 결정을 내릴 때 감정에 휘둘려서는 안 되기 때문이다.

마지막으로 판단형은 인식형에 비해 자제력이 강하고 계획을 잘 세운다. 인식형은 맺고 끊음이 분명하지 않고 정해진 일과, 절제, 마감을 싫어하기 때문이다.

중요한 점은 MBTI 테스트의 결과가 선호도에 불과하다는 사실이다. 약점을 보완하면 '완벽한' 트레이더가 아니더라도 주식매매에서 수익을 얻을 수 있다. '적합'하지 않은 사람이라도 수익을 얻을 수 있다. 그뿐만 아니라 주식매매에 불리한 약점이 삶의 다른 분야에서는 유리하게 작용할 수도 있다.

나는 인식형이지만 노력을 기울였고 주식매매 시에 그러한 약점을 감안한다. 약점을 인정하면 극복하기도 쉽다. 9시에서 5시까지 계획에 따라 일하는 형태를 싫어하며 직관이 떠오를 때 일하는 편이다. 그런 이유로 작업을 외주하고 자동화된 방식으로 주식매매를 하고 있다. 내 약점을 완벽하게 보완하려면 기강이 잡힌 프로그래머와 일해야 한다. 실제로 프로그래머를 고용할 때 그 점을 고려했다.

나는 상황을 종합하여 생각하는 편이지만 생각보다 감정에 기울어지는 경향도 적지 않다. 천성이 그렇다. 그러나 주식매매에는 합리적이고 객관적인 사고가 필요하다. 그래서 일할 때는 어떻게든 '사고형 인간'으로 전환하려고 애써왔다. 그렇게 약점을 보완했고 다른 사람들의 강점을 활용한다. 물론 그들은 자기들이 잘하는 일을 하면서 보수를 받으니 만족해한다. 감정형은 주식매매에 불리하지만 취할 수 있는 최선의 조치는 그 사실을 100% 인식하는 것이다. 약점을 극복하는 것은 가능하다. 단, 그러려면 자신의 약점을 인정해야만 한다.

MBTI 테스트를 해보라. 그 결과 약점이 드러나면 그 사실을 받아들이고 약점이 삶의 다른 분야에서 강점이 될 수 있다는 사실을 잊지 마라. 주식매매 시에 약점에 휘둘리는 일이 없도록 정해진 일과와 규칙을 정하라.

무엇보다도 테스트 결과를 맹신하지 말라. 감정형이나 인식형이라는 결과는 선호도이고 성향일 뿐이다. 약점을 극복하는 첫 단계는 자각이다. 그다음 단계는 외주, 자동화, 전환 등의 해결책을 찾는 것이다. 신경언어 프로그래밍(Neuro-Linguistic Programming, NLP) 같은 방법으로 스스로를 단련하면 자제력을 키울 수 있다.

제6장

일류 트레이더들의
공통된 믿음

- 언제나 성공하는 만능 전략은 없다

주식시장에서 사고파는 행위는 믿음을 사고파는 행위나 다름없다. 그러므로 자신의 마음에 접근하여 믿음을 파악하고 이해하는 과정이 반드시 필요하다.

일류 트레이더들이 사용하는 전략은 평균회귀, 스캘핑(scalping), 장기 추세추종, 단타 매매 등 각양각색이다. 모두 적격인 사람이 적합한 환경에서 구사할 때만 효과를 발휘하는 전략들이다. 그렇다고는 해도 일류 트레이더들 사이에는 공통된 믿음 몇 가지가 존재하며 그러한 믿음을 이해하는 것은 필수다. 따라서 다른 전략을 구사하는 사람이더라도 일류 트레이더들의 주된 믿음에 면밀한 주의를 기울일 필요가 있다.

112 ◆━━━ 하루 30분 미국주식 대박나기 ━━━◆

무엇보다도 일류 트레이더들은 신념을 품는 것이 중요하다는 사실을 잘 안다. 당연한 말 같지만 정말 중요한 사실이다. 평범한 트레이더는 자신의 믿음을 구체화하지 않아 큰 실패를 경험한다. 확실한 믿음 없이는 확실한 전략을 수 없다. 믿음을 구체적으로 파악하고 나면 믿음이 가며 검증된 전략을 찾아야 하고 그 전략을 철두철미하게 따라야 한다.

레이 달리오, 워런 버핏, 폴 튜더 존스 같은 투자의 귀재라도 수익을 얻으려면 믿음이 필요하며 그 믿음을 토대로 전략을 세운 다음에 해당 전략을 충실하게 따르겠다고 맹세해야 한다. 전략은 사람마다 다양하지만 전략을 마련하고 따르겠다는 의지는 다를 수 없다.

나는 몇 년간의 실패와 연구를 거쳐서야 내 믿음을 구체화하고 적용할 수 있었다. 그러나 결국 그 믿음은 내게 제2의 천성이 되었다. 다음의 목록을 주의 깊게 살펴보고 그 같은 믿음을 머릿속에 되새기도록 하라.

일류 트레이더의 공통된 믿음

▶ **주식매매를 시작하고 전략을 개발하기 전에 자신의 목표와 목적을 파악하라.**

자신이 어떤 결과를 추구하는지 미리 알아두면 전략을 세우는 데

드는 시간이 80% 정도 줄어든다. 목표나 목적 없이는 제자리걸음을 하기 십상이다. 끝이 없는 계획을 세울 수는 없기 때문이다. 목표를 세운 다음에 그 목표를 달성하기 위한 계획을 세우라. 사전에 시간을 조금만 더 들이면 나중에 시간을 80% 가까이 절약하고 확실한 성공을 얻을 수 있다.

목표가 명확할수록 전략을 개발하고 실행하기가 용이해진다. 그러므로 목표를 세울 때 시간과 노력을 아끼지 말라.

▶ **리스크가 낮은 거래 건수가 없는 날에는 절대로 주식을 매매하지 말라.**
사람들은 흔히 날마다 주식 거래를 해야 한다고 생각한다. 그러나 그렇게 생각하다가는 거래를 해서는 안 될 날에 큰 손실을 입게 된다. 하루를 건너뛴다고 해서 걱정할 필요는 없다. 날마다 정해진 일처럼 거래를 하기보다는 전략대로 리스크가 낮은 거래만을 추구해야 한다. 거래를 하지 않은 날은 실패한 날이 아니라 성공한 날이다. 손실을 피했기 때문이다.

▶ **주식매매를 제대로 하면 지루하다.**
주식매매에서 성공하는 방법은 인간으로서의 모든 심리적 약점을 극복하는 것이다. 그러한 약점 때문에 삶이 재미있어질 때도 있지만 주식매매는 합리적일 뿐만 아니라 로봇처럼 기계적인 행위다. 내가 그토록 큰 수익을 얻는 이유는 순전히 거래 전략의 규칙을 철두철미하게 적용하기 때문이다. 규칙을 100% 따른다는 뜻이다. 이와는 달리 과거에는 주식매매를 모험의 기회로 생각하는 과오를 저질렀으며 그런 탓에 큰 실패를 겪은 바 있다. 좋은 규칙을 세운 다음에 엄수하는 것만이 수익을 얻을 수 있는 길이다. 아무리 지루하게 느껴지더라도 주식매매라는 게임에서 승리하려면 게임의 규칙을 빠짐없이 지켜야 한다. 규칙을 어기려거든 다른 일을 할 때 어기는 편이 낫다.

처음에는 나도 규칙대로 하는 것에 좌절했다. 주문을 관리하는 일이며 규칙과 규정을 마련하고 따르는 일 등의 주식매매의 지루한 부분을 실행하는 일에 진저리를 쳤다. 그래서 전체적인 시나리오를 작성했다. 그런 다음에 규칙을 그대로 실행하는 일을 좋아하는 직원을 고용하여 2주 동안 교육했다. 1주일마다 수많은 시간을 직원 교육에 쏟아부어야 했지만 이제는 교육도 다른 직원에게 맡긴다. 직원이 하루 3번씩 보내는 보고서를 훑어보는 데는 몇 분이면 충분하다. 그렇게 해서 나는 지루한 일에서 해방되었고 그 대신 좀 더 시장 중립적인 전략을 세우고 전반적인 주식매매 활동을 개선할 수 있는 방법을 연구하는 데 많은 시간을 보낼 수 있게 되었다. 그것이 내가 잘하고 즐기는 일이다.

내가 마침내 내 심리적인 특성을 완전히 파악하고 내 약점을 보완해줄 사람에게 일을 맡기고 자제력을 기르고 나자 내 주식 계좌는 불어나기 시작했다. 더 이상 주식 수익을 모험으로 얻은 돈으로 여기지 않게 되었다. 그보다는 지루하지만 객관적이고 정확하게 측정할 수 있는 거래의 산물로 생각했다. 내 필요에 맞는 리스크 특성(risk profile)에 따라 안심하고 거래할 수 있게 되었다. 더 이상 하루에 얼마만큼의 돈을 벌고 잃었는지 생각하지 않았다. 주식매매의 진정한 목표는 장기적인 성공이고 검증된 규칙에 집중하다 보면 장기적인 성공을 거둘 수 있다고 확신했기 때문이다.

▶ 하루하루의 결과는 중요하지 않다. 중요한 것은 장기적인 목표다. 장기적인 목표를 제대로 세우면 특정한 날의 결과에 따라 기분이 오락가락하는 일을 피할 수 있다.

결과가 좋은 날에 들뜨는 일도, 안 좋은 날에 우울해지는 일도 없어진다는 뜻이다. 내가 리스크 특성과 장기적인 목표를 명확하게 세우고 나서부터 내 아내는 더 이상 내가 수익을 얻은 날과 손실을 입은 날을 구별하지 못한다. 나는 단기적인 변동에 신경 쓰지 않기 때문에 손실을 본다 해서 놀라거나 스트레스를 받지 않는다. 내게 실패란 없다고 믿는다.

물론 나도 1년 동안 잃는 날이 많다. 그러나 더 이상 그 때문에 골치를 앓지 않는다. 내가 정한 규칙을 100% 정확하게 따른 날을 성공한 날로 친다. 그러한 측면에서 나는 결코 실패하지 않는다. 하루하루의 손실은 장기적으로 부자가 되려면 반드시 겪어야 할 게임의 일부다. 레이 달리오는 잭 슈웨거의 저서 『타이밍의 승부사(New Market Wizards)』에서 "십중팔구 수익을 내는 것으로는 보수를 받지 않는다. 진정한 수익을 내야만 보수를 받는다."라고 말했다. 단기적인 수익과 손실은 진짜 수익이 아니라 일시적이고 무의미한 변동에 불과하다. 주식매매를 사업이라고 할 때 손실은 수익 활동을 위해 들이는 사업비용으로 볼 수 있다. 귀금속 상점을 운영하는 사람이 임대료를 내지 않아도 생각하겠는가? 어떤 사업이든 분기 말에 수익을 얻으려면 경비를 지출해야 한다. 주식매매도 마찬가지다.

주식매매에서 성공하려면 장기적인 수익을 위해 손실을 볼 때도 있어야 한다. 리스크를 감수하지 않고서는 성공할 수 없다.

▶ 진입 규모가 진입 가격보다 더 중요하다.

잭 슈웨거의 저서『헤지펀드 시장의 마법사들(Hedge Fund Market Wizards)』에서 정곡을 찌르는 이 대목을 읽자마자 감탄을 금할 수 없었다. 자신의 리스크 감내 수준에 따라 매입 규모를 제대로 정하고 나면 해당 포지션을 그대로 유지해야 한다. 리스크 감내 수준을 토대로 정확하게 책정된 돈을 걸었고 어느 한도까지는 손실을 입어도 무방하다면 포지션을 청산하지 않아야 한다. 심리 상태에 타격을 입을 정도로 큰돈을 걸지 않는 한 포지션을 청산하지 말라.

반면에 진입 규모가 리스크 감내 수준에 비해 과도하게 크다면 손실을 입기 시작할 때 상황이 달라진다. 주식을 40달러에 샀는데 가격이 39.50달러로 하락할 때는 타격을 입지 않을 것이다. 그러나 진입 규모가 너무 크면 날려버린 금액이 생각나서 포지션을 청산하고 싶은 생각이 들게 마련이다. 이 경우 청산은 원래대로 가격의 움직임을 토대로 결정되지 않고 손실 금액에 의해 결정되고 만다. 진입 규모를 제대로 정하면 이런 위험에서 벗어날 수 있다.

▶ 의지가 있고 사전 작업을 열심히 하면 수고를 들이지 않고도 성공적인 트레이더가 될 수 있다.

내게는 주식매매가 쉽다. 그 이유는 순전히 내가 준비 작업을 철저히 했을 뿐 아니라 몇 년에 걸쳐 연습하고 헌신한 덕분이다. 내 거래 전략을 철두철미하게 파악하고 있기 때문에 전략을 손쉽게 실행할 수 있다. 더 이상 피곤해지거나 스트레스를 받지 않는다. 그 위치까지 도달하기 위해 노력한다면 당신도 그렇게 될 수 있다.

▶ 누구나 주식매매에서 약점으로 작용하는 특성을 타고나지만 자신의 약점을 극복하는 한 누구나 성공할 수 있다.

끈기와 절제력처럼 주식매매에 더할 나위 없이 적합한 성격적 특성도 존재한다. 그러나 모든 사람이 약점을 지닌다. 다만 그 약점을 인정하고 극복하지 않으면 실패는 불 보듯 훤한 결과다.

관건은 약점을 극복하겠다는 의지를 품는 것이다. 그뿐만 아니라 약점을 인정하고 유리하게 활용하라.

개인적으로 규율과 규칙을 싫어하지만 그러한 약점을 개선하려고 혼신의 힘을 다했다. 당신도 그렇게 할 수 있다. 스스로를 개선하기 위해 가장 필요한 것은 의지다. 나 자신을 바꾸기로 결심했고 이제는 무슨 일이 있어도 규칙을 따르는 사람이 되었다. 그러나 내가 규칙을 반드시 지킬 수 있도록 현실적인 규칙을 만들었다. 잠재 수익의 일부를 포기하기로 한 것이다. 그러지 않았다면 분명 실패했을 테고 큰 곤란을 겪었을 것이다.

▶ **수익은 돈에 불과하다. 그러니 성공해도 겸손하라.**

어떨 때는 하루에 막대한 수익을 얻을 때도 있다. 그러나 정말 중요한 것은 장기적인 수익이라는 점을 명심하라. 시장은 자만하거나 탐욕스러운 사람에게 따끔한 교훈을 준다.

▶ **스스로의 리스크 감내 수준을 측정하라. 리스크 감내 수준은 우리 생각보다 더 낮다.**

리스크 감내 수준을 어림짐작으로 정해서는 안 된다. 손실을 입는다는 것이 무엇인지 생생하게 시각화하기 전까지는 리스크 감내 수준을 파악할 수 없다. 더 좋은 방법은 실제로 입은 손실을 구체적으로 떠올려보는 것이다. 나도 그렇게 해서 내 리스크 감내 수준을 정할 수 있었다. 이제는 다행히도 어떤 결과든 내 심리 상태에 영향을 끼치지 못한다.

자신의 리스크 감내 수준이 낮다는 것을 정확하게 인식한 다음에 그 한계를 절대로 넘어서지 않는 전략을 세우면 가장 큰 손실을 입은 날에도 숙면을 취할 수 있다. 그러기 위해서는 장기적인 수익 중에서 일부 손실을 각오해야 하지만 그렇게만 하면 항상 편안히 지낼 수 있다. 냉정함을 잃지 않고 전략을 포기하지 않는 한 큰 수익을 올릴 것이다. 물론 호재가 나타나야 하겠지만 우리는 전략을 세울 때 그 점을 충분히 고려한다. 조금만 두려운 뉴스가 있어도 모든 포지션을 청산해버리는 일을 삼가야 한다.

거의 모든 사람이 자신이 감당할 수 있는 드로다운을 과대평가한다. 30%의 드로다운을 감당할 수 있으리라 생각하는가? 실제로는 15%의 드로다운으로도 불안해져서 불면증에 시달리고 전략을 포기하려 할 것이다. 대부분은 그렇다. 계좌 잔고가 그 정도로 줄어들 때 자신이 얼마만큼 심적 타격을 입을지 머릿속으로 명확히 그려보기 전에는 리스크 감내 수준을 정하지 말라. 무엇보다도 드로다운이 높으면 높을수록 회복하고 원금이라도 회수하기가 한층 더 어려워진다. 드로다운이 30%일 때도 43%를 회복해야 원금을 회수할 수 있지만 드로다운이 50%일 때는 100% 회복해야 가능하니 사실상 불가능한 일이다.

▶ **전략의 결과물을 모든 유형의 시장에 대입해보라.**
내 전략의 골자는 어떤 유형의 시장이 나타날지 예측하려 하지 말라는 것이다. 예측이 어려운 일이기 때문이다. 우리는 어떤 유형의 시장에서도 수익을 얻을 수 있도록 서로 관련되지 않은 전략을 여러 가지로 구사하여 주식을 매매한다. 가능한 한 모든 시나리오에 대비하려면 전략이 각기 다른 유형의 시장에서 어떻게 작용하는지 직접 확인해야 한다.

무슨 전략을 구사하더라도 어느 시점에는 손실을 입기 마련이다. 당연한 일이다. 롱 포지션만 취하는 전략으로는 하락장에서 수익을 얻기 어렵다. 그러나 그 사실을 미리 파악하기만 하면 걱정할 필요가 없다. 손실 가능성에 대비하여 기존 전략과 관련 없으며 특정 유형의 시장에서 수익을 낼 수 있는 전략을 추가로 활용하면 된다. 가끔은 일부 전략이 손실을 내더라도 다른 전략이 그 손실을 메워줄 것이다.

▶ 언제나 성공하는 만능 전략은 없다.
나는 완벽한 전략을 찾는 일에 몇 년을 쏟아부었다. 완벽한 전략을 찾을 수 없었고 무엇인가 놓치고 있다는 생각에 스트레스를 받았고 몇 년 동안 본격적으로 주식매매를 할 수 없었다. 정신적으로 나 자신을 학대했고 방관자 입장이 되었다. 완벽한 전략이 존재하지 않는다는 것을 깨닫자 괜찮은 전략을 마음껏 구사하면서 쏠쏠한 수익을 얻을 수 있었다. 말이야 괜찮다고 했지만 사실은 더할 나위 없이 훌륭한 전략이었다. 가장 중요한 것은 장기적인 수익이다.

성배는 자기 안에 존재한다. 주식매매에 적합한 심리 상태와 절제력을 갖추고 자기 성격과 목표에 부합하는 전략을 찾아낼 때 성배도 발견할 수 있다. 성배를 발견하면 항상 수익을 거두지는 못하더라도 장기적으로는 필요 이상으로 많은 수익을 얻게 된다. 완벽한 전략을 찾기란 불가능하며 '그럭저럭 쓸 만한' 전략만 찾더라도 성공한 것이라는 사실을 깨달으면 마음이 편해진다.

주식매매에서의 성패는 자동화되고 상호 연관성이 없는 전략 몇 가지를 동시에 완벽하게 실행하여 거래하는 것이다.

백테스트된 전략의 성공률은 미래의 성공 가능성과 동일하지 않다. 백테스트를 통해 모든 전략을 세운 내 말이니 믿어도 된다. 최선의 기대치는 비슷한 성공을 거두는 것이지만 앞으로 인생 최악의 드로다운을 경험할 수도 있는 노릇이다.

전략은 철저하게 백테스트되어야 할 뿐 아니라 개념적으로 정확해야 한다. 그렇지 않으면 과거에 우연히 수익을 냈던 전략에 현혹되기 마련이고 이는 실패로 직결된다.

우리 자신이 시장을 예측할 수 없다는 인식은 불안감을 줄여준다는 점에서 가치 있다. 그 덕분에 불리한 포지션을 청산할 수 있는 자신감이 들기 때문이다. 결국에는 성공할 수 있다는 확신이 들면 단기적인 손실이 불가피하다는 사실을 깨달을 뿐 아니라 자신의 '잘못'을 기꺼이 인정할 수 있게 된다.

▶ **지나치게 성공적인 백테스트 결과가 나온 전략을 주의하라.**

함정이 숨어 있을 수 있다. 자기도 모르는 새에 전략의 매개변수를 과도하게 최적화할 가능성도 있다. 순전히 우연으로 성과를 거둔 전략일지도 모른다. 전략을 세우고 나서 실행에 옮기기 전까지는 가능한 한 모든 수단을 동원하여 전략을 시험하고 전략의 오류를 찾아내는 것이 관건이다. 개념적으로 옳은 전략인지 확인해야 한다는 뜻이다.

불편한 과정이다. 인간은 누구나 자신의 멋진 발명품을 시험하고 분해하는 것을 탐탁잖아 하기 때문이다. 그러나 결과적으로는 감사하게 될 것이다. 나는 내 동업자와 이 과정을 자주 거친다. 새로운 전략을 개발하고 나면 동업자에게 보내면서 "시험해 보고 오류를 찾아내 줘."라고 말한다. 백테스트를 통해 얻은 훌륭한 성과가 진짜인지 알아보고 매개변수가 우연히 맞아떨어진 것은 아닌지 확인해달라고 부탁한다. 아니면 개념적으로 정확한 아이디어 없이 데이터마이닝(data mining)만 대규모로 이루어진 탓에 과도하게 최적화되지 않았는지 확인하라고 말한다.

미래는 과거의 복사판이 아니다. 그러니 전략의 모든 매개변수를 평가하라. 유망해 보이는 전략의 오류를 잡아내는 작업을 하면서 좌절감이 들기도 하겠지만 그 덕분에 큰 손실을 입지 않게 된다. 재앙을 피했다는 사실에 기뻐하라.

▶ **주식매매에서의 손실은 실수가 아니다. 진짜 실수는 자신이 정한 규칙을 따르지 않는 것이다.**

손실은 게임의 일부이지 실패가 아니다. 성공으로 가는 기반을 미리 마련해 놓는다면 규칙을 100% 따르기만 해도 성공할 것이다. 가끔은 전략을 무시하고 거래했다가 단기 수익을 내는 일도 생기는데 그러한 단기 수익이야말로 손실이자 실패다. 잠깐은 운이 좋을 수도 있지만 조만간 시장으로부터 따끔한 교훈을 얻게 될 것이다.

▶ **수익을 내는 거래도 간단하게 이루어질 수 있다.**

나는 한때 교육수준이 높고 금융계 뉴스를 빠짐없이 기억하는 천재여야 성공적인 트레이더가 될 수 있다고 생각했다. 그런 식으로 생각하는 사람이 대부분이다. 그러다 뉴스가 모두 잡소리에 불과하며 심리 상태가 결과를 결정 짓는다는 사실을 깨닫자 내 사고방식도 변화했다.

이에 적합한 사례는 그 유명한 '터틀 실험(turtle experiment, 거북이 실험)'이다. 리처드 데니스(Richard Dennis)와 빌 에커트(Bill Eckhardt)가 창안한 터틀 전략은 획기적이지만 단순한 전략이다. 최첨단 알고리즘을 사용한 포지션 규모 조절을 특징으로 할 뿐이다. 그럼에도 가장 큰 수익을 올린 터틀 투자자는 규칙을 충실히 따른 덕분에 그 같은 성과를 얻을 수 있었다. 어떤 터틀 투자자는 규칙을 철저히 따르지 않았으며 좋지 못한 결과를 얻었다. 모두 훌륭한 전략을 활용했지만 승자는 전략을 가장 철두철미하게 따른 사람이었다.

단순하고 개념적으로 정확한 전략을 세우면 일단 우위에 설 수 있다. 그런 다음에 현실적이고 적합한 목표와 적절한 포지션 규모 조절 전략을 추가하라. 규칙을 따르는 한 성공을 거둘 준비가 된 것이다. 이는 마법이 아니라 상식이다.

▶ 성격에 맞는 전략으로만 거래하라.

장기 추세추종 전략은 효과적이지만 나는 해당 전략으로만은 거래하지 않는다. 그보다는 다른 전략과 조합하여 활용한다. 나는 참을성이 없는 편이라 장기 추세 전략에 대해 조바심을 느끼는 경향이 있다. 장기 추세추종 전략으로는 수익의 일부를 기꺼이 포기해야 하는데 내게는 좌절감을 주는 일이다. 다른 사람에게는 적합하겠지만 내가 장기 추세추종 전략만을 활용한다면 심리적인 타격을 받아 규칙을 무시해버리고 말 것이다.

▶ 포지션 규모 조절은 목표 달성에 중요한 역할을 한다.

목표 달성을 돕는 요소는 전략이 아니라 포지션 규모 조절이다. 한때 내게 훌륭한 전략이 있으면 연간 100%의 수익률을 올릴 수 있으리라 생각했다. 그러나 모든 것은 각자의 드로다운 감내 수준에 달려 있다. 드로다운 감내 수준이 포지션의 규모를 결정한다. 드로다운 감내 수준이 연간 10%라면 연간 100%의 수익률을 올리기가 어렵다. 전략에 따라 다르겠지만 일반적으로 기대 수익률은 기껏해야 20~30% 정도일 것이다. 50%까지 잃어도 무방하다면 100% 수익률이라는 원대한 목표를 달성할 수 있는 여지가 생긴다.

자신의 전략이 통계적으로 우위에 있는지 확인할 필요도 있다. 마법 같은 알고리즘을 활용하여 부정적인 기대 전략(백테스트에서 수익을 내지 못한 전략)을 성공적인 전략으로 바꾸는 것은 불가능하다. 그런 알고리즘은 존재하지 않는다.

포지션 규모 조절 전략과 기대 수익률을 결정 짓는 것은 특정한 주식 종목이 아니라 전략과 목표다. 내가 몇 년 동안 그러했듯이 명확한 목표 없이 주식을 사고파는 것은 방향도 없이 차를 몰고 가다가 눈에 띄는 거리로만 들어서는 것이나 다름없다. 그랬다가는 원하는 목적지에 도달할 수 없다.

▶ 의심이 들면 포지션을 청산하거나 적어도 심리 상태에 영향을 주지 않는 선까지 익스포저(exposure, 리스크에 노출된 자산 금액-역주)를 낮추라.

주식매매에 관한 명저는 모두 이 같은 내용을 담고 있다. 현재 시장에 대한 객관적인 시각이 필요하다. 시장에서 활동할 때 우리의 뇌는 어떤 유형이든 시장의 행동을 정당화하는 경향이 있다. 객관성을 잃는다는 이야기다. 어떤 포지션 때문에 불안감이 든다면 곧바로 빠져나오라. 나중에 언제든 다시 들어갈 수 있다.

예를 들어 어떤 포지션을 롱으로 보유한다고 치자. 시장이 하락하는 추세이고 해당 포지션이 계속해서 손실을 내는 상황에서는 좌절감을 느끼고 그 포지션에 대해 감정의 동요가 들 것이다. 그러나 무슨 일이 일어나든 당신은 현재 상황을 긍정적으로 생각할 가능성이 크다. 어떻게든 해당 포지션을 그대로 보유해야 옳은 이유를 찾아내려 할 것이다. 자신이 옳아야만 하고 패배를 인정하고 싶지 않기 때문이다. 이런 경향은 확증 편향(confirmation bias)으로 불리는데 자신이 듣고 싶은 정보만 받아들이는 심리 상태를 뜻한다.

▶ 자신이 한 주식매매와 실수를 빠짐없이 기록하라.
내 거래를 문서로 남기는 것을 좋아하지 않지만 성공하려면 거래일지를 작성하는 것이 필수다. 거래일지는 풍부한 정보를 제공한다. 전략의 실제 성과와 자신이 활용하는 거래 규칙의 비율을 알려준다. 재량껏 매매하는 트레이더의 경우 거래 별로 자신의 생각을 기록해두면 나중에 수익과 손실 패턴을 감별함으로써 자신의 결정을 평가할 수 있다. 2009년부터 거래와 실수를 기록해왔으며 그 덕분에 내 소프트웨어에 버그가 있어 과장된 검증 결과가 나왔다는 사실을 발견했다. 일지를 작성하지 않았다면 아직도 그 버그가 거래에 영향을 끼쳤을 것이다.

▶ 나는 내 마음이 아니다.

불교를 연상시키는 이 글귀가 주식매매 책에는 어울리지 않는다고 느껴질 수도 있다. 그러나 이 말은 내게 가장 큰 통찰을 제공한 격언 중 하나다. 나는 오랜 세월 동안 신념이 부족했고 자존감도 낮았다. 그러다 보니 행복감이 들지 않은 것은 당연하고 주식매매로 수익을 얻겠다는 꿈도 산산조각이 났다.

내면의 아우성은 성공적인 전략을 창출하는 데 방해가 된다. 나는 부정적인 생각에 사로잡혀 살았지만 그 사실을 인식하지 못했다. 그러다 보니 주식을 거래할 때뿐 아니라 삶을 사는 데도 지장이 있었다.

생각은 현실이 아니라 현실에 대한 인식이다. 예를 들어 과거에 극소수 사람만이 시장의 비밀 공식이 무엇인지 아는 특권을 누리기 때문에 내가 성공하는 일은 불가능하리라 생각했다. 그러나 내가 과거에 실패한 경험 때문에 그렇게 생각한다는 사실을 깨달았다. 내 뇌가 과거에 실패했으면 미래에도 반드시 실패한다는 잘못된 결론을 도출한 것이었다. 그러나 과거에 실패했어도 성공할 수 있다고 생각을 바꾸자 성공적인 전략을 찾을 수 있었다.

5년 전만 해도 나는 내 생각이 무조건 옳다고 생각했다. 그 이후로

나 자신을 철저하게 분석해왔고 그러다 내가 허구를 지어내고 있음을 깨달았다. 내 믿음은 진실이 아니었지만 내가 스스로에게 되뇌는 허구였고 그 허구를 진실로 받아들였다. 그러나 고된 연습 끝에 현실에 바탕을 두지 않은 생각을 인식하고 떨쳐버릴 수 있게 되었다. 이제는 남들이 나를 어떻게 생각하는지에 집착하지 않는다. 생각은 생각일 뿐 내가 나 자신에게 정직하기만 하면 내 정체성에 영향을 주지는 못한다.

나는 행복해졌고 문제에 다른 방법으로 접근한다. 과거에는 문제가 생기면 온통 그 생각뿐이었다. 이제는 내가 외부 상황을 바꿀 수 없다는 사실을 잘 안다. 모든 문제를 사소한 것으로 치부한다. 심각한 문제로 부풀려 생각해보았자 상황을 바꾸지도, 내 심리 상태에 타격을 주는 요소를 없애지도 못하기 때문이다.

▶ 자신의 강점과 약점을 파악하라.
내가 어떤 사람인지 몰랐기 때문에 무슨 일을 하든 100% 전념하거나 확신을 품는 일이 없었다. 내게는 잠재력이 있었지만 그 잠재력을 활용하지 못했다.

그러나 자아 발견과 심리적 전환의 여정을 통해 모든 것이 바뀌었다. 모범적인 기업형 인간이 되지 않아도 스스로에게 충실하면 성공할 수 있다는 것을 깨달았다. 기업형 인간에게 강점이 있지만 약점도 있으며, 내게는 나만의 고유한 강점이 있다는 사실을 인식했다.

이제 나는 내 약점을 순순히 인정한다. 일할 때 세부사항까지 파고드는 것을 싫어하고 프로그래밍 기술도, 그 기술을 배우고 싶은 마음도 없다. 그 때문에 내 아이디어를 검증할 프로그래머를 고용했다. 내 최대 강점은 창의성과 전략 창출 능력이다. 그래서 프로그래머에게 내 아이디어와 전략을 설명하고 그 이외의 작업을 맡긴다. 이렇게 하면 강점을 두 배로 활용할 수 있다. 나는 복잡하고 난해한 세계를 명확하고 이해하기 쉬운 개념으로 전환하는 능력이 탁월하다.

전에도 주식매매에 대한 아이디어로 가득했지만 그 아이디어의 검증이나 실행은 완수하지 못했다. 그러나 내 약점을 받아들이고 그 약점을 보완해줄 강점이 있는 사람에게 작업을 맡기는 것은 나나 그 사람에게나 두루 이롭다. 내 전략을 대개 효율적으로 적용함으로써 성공을 거두었다. 전략을 무시하고 거래한 비율은 전체 거래의 1% 미만이다. 당연히 어마어마한 수익을 얻었다.

자신만의 전략을 창출하라

자신의 믿음을 파악하고 그 믿음이 스스로에게 어떠한 영향을 주는지 이해하고 나면 다음 단계로 나아가 전략을 창출할 수 있다. 우선 목표를 정하는 것부터 시작해야 한다. 사실 목표를 명확히 정하면 자신이 무엇을 원하는지 정확히 알 수 있으므로 전략의 개발 과정이 상당히 간단해진다. 사람들은 대부분 아이디어부터 떠올려서 효과적인 전략을 찾으려 하지만 자기들이 무엇을 찾는지 잘 알지 못한다. 먼저 목표를 정하고 나서 건전한 시장 원리를 파악하는 단계로 나아가라.

목표를 명확히 정하려면 초기 자본의 액수를 정하는 일로 시작해야 한다. 따로 설명하지 않아도 잘 알 것이다. 당신은 얼마만큼의 돈을 기꺼이 투자할 수 있는가? 그러나 다른 단계를 제대로 수행하려면 그 액수를 기록해두어야 한다.

초기 자본 액수를 감안할 때 당신이 감당할 수 있는 최대 드로다운은 몇 퍼센트인가? 사람들은 드로다운을 퍼센트로 생각하는 경향이 있다. 그러나 그러한 수치가 거래 잔고 측면에서 얼마만큼의 손실인지 정확히 인식해야 한다. 20% 등등의 수치를 선택하기는 쉽지만 그만큼의 손실이 금액으로는 얼마인지 아는 것이 중요하며, 그 정도의 손실을 감당할 수 있는지 따져봐야 한다. 나는 20%의 드로다운까지는 괜찮다고 말하다가 실제로 100만 달러 잔고 중에서 20만 달러의 손실을 보자마자 이성을 잃는 사람을 수도 없이 보았다.

그다음으로 얼마만큼 오랫동안 드로다운을 감당할 수 있는지 감안해야 한다. 어느 시점에 거래를 중단하고 재평가할 것인가? 초기 자본의 손실과 수익의 손실을 구분하는가?

  이 두 가지 질문의 답을 찾으려면 계좌 잔고의 손실분을 생생하게 그려보라. 그래도 자신의 원래 전략대로 거래할 생각이 있는가? 아니면 당장 이탈하고 싶은가? 불안한 생각이 들면 좀 더 보수적으로 수치를 정해야 한다. 2005년부터 2007년까지 매수 후 보유 전략을 고수했지만 자신의 드로다운 한도를 미리 정하지 않은 투자자들이 그 단적인 사례다. 2008년이 되었는데도 그들은 주식을 팔지 않았다. 언제 팔아야 할지 알지 못했기 때문이다. 그러다 그들은 드로다운이 50%를 넘어서 70%에 달하자 주식을 모두 팔아버렸고 더 이상 주식매매에 관여하지 않았다. 그 사람들은 건전한 시장 원리가 아니라 일시적인 시장 상황을 기준으로 그 같은 결정을 내렸다.

  그 이후로 주가는 3배나 뛰어올랐다. 그들이 리스크 감내 수준을 미리 정해두었더라면 좀 더 일찍 주식을 팔았다가 다시 거래에 복귀하여 2009년부터 그 이후까지 수익을 내기 시작했을 것이다. 그때에야 매수 후 보유 전략이 효과를 발휘했지만 그들은 감정에 사로잡혀 그 전략을 섣불리 무시해버렸다.

  손실을 퍼센트로만 생각해서는 안 된다. 구체적인 손실 액수도 따져봐야 한다. 거래 결정이 손실의 영향을 받지 않는 심리 상태를 유지해야 한다. 손실을 퍼센트로 생각하는 것이 논리적으로 타당하지만 인간은 돈이 관련되는 한 논리적이지 못하다.

전략을 완벽하게 다듬기 위해 노력을 들였다면 그 전략을 100% 신뢰해야 한다. 단기 손실이 과정의 일부라는 사실을 깨달아야 한다. 몇 달 동안 5~10%의 손실을 입더라도 마찬가지다. 다른 트레이더들이 수익을 내는 동안 당신은 5%의 손실을 입어도 전략을 그대로 따라가는 편이 옳다.

일반적으로 사람은 자기가 감당할 수 있다고 생각한 것의 절반 정도만 감당할 수 있다. 20%의 드로다운을 감당할 수 있다는 생각이 들면 우선 안전하게 10%를 최대치로 정해야 한다. 그러고 나서 경험을 통해 배워야 한다. 나중에 후회하는 것보다 미리 조심하는 편이 낫다. 전략을 무시하면 그때까지의 모든 작업이 무효화되고 재정 상황이 파탄 나는 결과를 맞이할 가능성이 크다.

과거에 거래했을 때 어느 정도까지는 손실을 입더라도 불안하지 않았다면 그 금액을 기준으로 드로다운을 정하라.
드로다운 감내 수준 내에서 거래하면 불안감이 들지 않기 때문에 합리적으로 판단할 수 있다.

전략을 세울 때는 오차 범위를 조금이라도 두는 것이 좋다. 그렇게 해야 거래를 하다 가끔씩 실수하고 때때로 전략을 따르지 않더라도 문제가 없다. 이상적이지는 않지만 흔히 있는 상황이다. 그러므로 오차 범위를 두어야 막대한 손실을 방지할 수 있다. CAGR을 25%로 정한 경우에 18%만 달성해도 괜찮을지, 최대 드로다운을 7%로 정한 경우에 실제로는 드로다운이 12%에 달해도 무방한지 생각해보아야 한다. 인간은 누구나 실수를 저지른다. 따라서 백테스트와 비교하여 예상을 다소 밑도는 결과를 얻어도 괜찮을지 스스로에게 확인하라.

▶ 백테스트에서 활용한 CAGR은 어느 정도인가?

드로다운을 큰 폭으로 정하면 정할수록 달성할 수 있는 CAGR도 높아진다. 잠재적인 리스크를 감당하면 감당할수록 잠재적인 보상을 더 많이 거둬들일 수 있다. 그러나 먼저 리스크 감내 수준을 정하지 않으면 드로다운을 너무 높이 책정할 위험이 있다. 거듭 말하지만 나중에 후회하는 것보다 미리 조심하는 편이 낫다. 리스크를 보수적으로 책정해도 되지만 그 경우에는 큰 수익을 기대하지 말아야 한다. 내 잠재 고객 중 상당수가 10% 넘는 드로다운을 감내할 수 없다면서 CAGR은 연간 100%씩 달성하고 싶다고 말한다. 나는 그들에게 불가능한 일이며, 가능한 목표라고 말하는 사람이 있으면 무시하라고 말한다. 1~2년은 운이 좋아서 가능할지 몰라도 장기적으로는 불가능하다. 최대 드로다운을 10%로 책정하면 CAGR은 20~30% 정도로 잡아야 한다. 주식매매를 오랫동안 하다 보면 최상의 전략을 구사하더라도 예상보다 더 큰 드로다운을 경험할 수 있다는 사실을 절실히 깨닫게 된다. 미리 그 같은 결과에 대비하라.

▶ 증거금 거래를 할 작정인가?

예치한 돈으로만 주식을 거래하고 싶은지, 아니면 그 한도를 넘어서 증거금을 걸고 거래하고 싶은지 따져봐야 한다. 예를 들어 롱 포지션을 100%로, 쇼트 포지션을 50%로 잡을 경우에는 예수금의 150%까지 거래할 수 있다. 이런 일이 허용되는 까닭은 손실 위험에 노출된 주식이 50%의 순매수(net long) 포지션뿐이기 때문이다. 이때 쇼트 포지션이 롱 포지션을 상쇄할 수 있다. 그러나 증거금 거래를 해도 안심할 수 있을지 확인하라. 그뿐만 아니라 IRA 계좌로 거래할 경우에는 증거금 거래가 허용되지 않는다.

▶ 예상보다 더 큰 수익을 얻으면 어떻게 할 작정인가?

그런 고민거리가 생긴다는 것은 좋은 일이지만 한 번쯤 미리 생각해볼 문제다. 변동성이 심한 주식을 롱 전략으로 거래하며 기대 수익률은 연간 25%라고 해보자. 첫해에는 기술주 폭등 같은 호재 덕분에 120%의 수익을 얻었다고 치자. 이때 문제에 대한 답을 미리 생각해둘 필요가 있다. 자금을 뺄 것인가? 그렇다면 특정한 수익 목표를 정하고 그 목표치에 도달할 때 자금을 인출하는 방안을 전략에 추가해야 한다. 자금 인출 계획을 전략에 감안하지 않은 채로 무작정 돈을 빼면 곤경에 빠질 가능성이 크다. 많은 사람이 예상치 못한 성공을 감당하지 못한다. 개인적인 차원에서도 이 문제를 고려할 필요가 있다. 당신은 특정 포지션에서 150%의 수익을 얻으면 어떻게 대처할 계획인가? 자금을 빼고 싶다는 충동을 느낄 사람이라면 그러한 특성을 전략에 감안해야 한다. 포지션 조절 알고리즘은 손쉽게 설계할 수 있으며 위와 같은 문제를 해결하는 데 도움을 준다. 무엇보다도 탐욕 때문에 전략을 망치는 일이 없도록 하라.

누구나 당연히 그렇게 할 수 있다고 장담하겠지만 탐욕은 언제나 끼어든다.

▶ 기준 지표를 참고할 예정인가?

그렇다면 어떤 기준 지표를 무슨 이유로 선택할 것인가? 내 전략에서는 기준 지표가 중요하지 않다. 기준 지표는 롱 포지션의 실적만을 보여준다. 우리는 서로 연관되지 않은 전략을 여러 가지로 조합해서 거래하기 때문에 기준 지표의 실적에 그다지 신경 쓰지 않는다. 그 대신 자체적으로 별개의 기준치를 정한다. 그러나 언론을 비롯한 온 세상이 기준 지표에 집착한다. 이를테면 오늘 S&P의 실적은 어땠는지 궁금해한다. 자신만의 전략을 활용한 덕분에 연간 10%의 수익을 올린다고 가정해보자. 기준 지수가 40% 상승하고 주위 사람 모두가 롱 포지션만 취하는 전략을 자랑한다면 당신은 어떻게 반응할 것 같은가? 심리 상태에 영향을 끼칠 수 있는 상황이다. 그러므로 그런 뉴스에 자기 자신이 어떻게 반응할지 미리 파악할 필요가 있다.

합리적으로 생각하면 기준 지표가 주식매매에 유용하지 않다는 것을 좀 더 손쉽게 이해할 수 있다. 앞서 보았듯이 기준 지표는 딱히 좋은 실적을 보이지 않으며 극심한 드로다운을 기록하곤 한다. 기준 지표보다 더 좋은 실적을 내기는 쉽다. 기준 지표는 당신의 심리 상태에 영향을 끼치는 외부 잡음일 뿐이다. 그러니 아예 들여다보지 말아야 한다.

그렇기는 하지만 현실적으로 기준 지표에 전혀 신경 쓰지 않는 것은 불가능하다. 뉴스를 무시할 수 있는 사람은 없다. 장기 추세추종과 평균회귀 같은 서로 연관되지 않은 전략 몇 가지를 주식매매에 활용한다고 가정해보자. 그리고 갑자기 1999~2000년 기술주 폭등 때처럼 상승장이 찾아왔다고 하자. TV를 보든 파티에 참석하든 주식시장에서 돈을 벌기가 무척 쉽다는 이야기만 듣게 될 것이다. 당신의 친구들은 해마다 60~70%의 수익을 가져다준다는 식의 자랑을 쉴 새 없이 늘어놓을 것이다.

잠깐 동안은 그러한 말에 흔들리지 않는 것이 가능하다. 그러나 외부 잡음이 2~3년 동안 들려온다면? 배우자가 우리 빼놓고 모두가 그 많은 수익을 얻는 이유가 무엇이냐고 캐묻기 시작한다면? 당신의 성과가 신통치 않다고 생각하니 그런 말을 할 것이다. 그렇다고 해서 배우자를 원망할 수는 없다. 주위 동료와 친구 모두가 자랑하고 다니기 때문이다.

그러나 상황은 반드시 뒤바뀌게 되어있다. 결국에는 잡음을 내던 사람들이 돈을 잃을 것이다. 그러나 우리가 거듭 되새겼듯이 시장이 언제 전환될지 예측하는 방법은 없다. 당신은 몇 년 동안 기다릴 정도로 인내심이 있는가? 그러는 동안 사방에서 잡음이 들려올 것이다.

친구, 동료, 배우자, 언론이 내는 잡음에 시달릴 가능성이 큰 사람이라면 기준 지표를 고려하라. 기준 지표에 집착하지는 참고하라. 상승장에서는 반드시 큰 수익을 내도록 하라. 그렇지 않으면 전략을 저버리려는 갈등을 느끼기 쉽다.

기준 지표는 상승장에만 적합하다. 다른 유형의 시장에서는 남들이 손실을 입더라도 당신은 낙관론을 유지할 수 있다. 변동성이 큰 주식으로 장기 추세추종 포지션을 취하는 전략이 있는 한 대비가 되어있는 셈이다.

4부에서 자세히 알아보겠지만 앞서 첫 번째로 소개한 '주간 회전전략'이 그런 상황에 가장 적합하다.

▶ 기준 지표에 소폭 미달하는 성과를 낼 때 어떻게 반응할까? 기준 지표를 크게 밑돈다면? 몇 년 동안 기준 지표보다 못한 실적을 내도 견딜 수 있는가?

나는 내 실적을 기준 지표와 비교하지 않지만 비교하기 좋아하는 사람도 있다. 비교하는 것은 괜찮지만 기준 지표가 당신의 실적을 앞지를 때를 대비하여 전략을 마련해두어야 한다. 가끔은 기준 지표보다 못한 실적을 낼 수밖에 없지만 크게 신경 쓸 일이 아니라는 점을 인식하라. 물론 시장이 큰 폭으로 상승하면 기준 지표가 당신을 앞지르기 마련이다. 그러나 시장이 하락하면 당신은 시장에 비해 적은 손실을 입을 것이다. 장기적으로는 기준 지표를 따르는 사람보다 훨씬 더 많은 수익을 얻을 수 있다.

▶ 손실을 빨리 정리하고 수익을 키워가는 것에 거부감은 없는가?

추세추종 전략을 따르는 사람들은 재빨리 수익을 취하고 손실이 누적되도록 놓아두는 경향이 있다. 이는 흔히 나타나는 인지 편향 때문이다. 그러나 자신이 언제든 인지 편향에 빠질 수 있다는 사실을 자각하고 그 희생양이 되지 않도록 주의해야 한다. 사람들은 우쭐해지는 기분을 느끼기 위해 수익을 취한다. 하지만 스스로에 대한 만족감은 주식매매에서의 성공과 아무런 관련이 없다. 더 큰 수익을 얻을 수 있을 때 수익을 취하는 것도 성공적인 거래가 아니다.

사람들은 흔히 열 번 중 여덟 번은 수익을 얻고 싶어 하지만 그럴 경우 적은 수익밖에 얻지 못한다. 열 번 중 여덟 번을 성공한다는 것은 두 번은 실패한다는 뜻이다. 이 같은 사고방식을 지닌 사람은 주식을 일찌감치 정리하지 못하는 경향이 있다. 그러므로 여덟 번 성공하는 동안 각각 10달러의 수익을 얻더라도 두 번의 실패에서 얻은 손실이 200달러까지 불어날 수 있다. 그 결과 열 번 중 여덟 번 '승리'

했어도 엄청난 손실을 입게 될 것이다.

　주식매매에서의 성공은 수익을 얼마만큼 자주 얻는지가 아니라 전체 잔고가 얼마인지에 좌우된다. 수익을 취하는 일에만 신경 쓰고 손실을 받아들이지 못하는 사람은 파산으로 치달을 수밖에 없다. 우리는 어릴 때부터 무엇이든 잃는 것은 잘못이라고 교육받았다. 실패와 자신의 잘못을 절대 인정하지 말라는 식의 교육을 받았다.

　어릴 때 학교에 가면 시험을 치를 때마다 점수가 매겨진다. A나 B를 받으면 '좋은' 학생이고 그렇지 못하면 '나쁜' 학생으로 취급된다. 아이들은 실수를 저지르면 '나쁜' 학생이 된다는 생각을 강요받는다. 그리고 일생동안 그러한 사고방식을 탈피하지 못하는 경향이 있다. 부모는 무엇이 옳고 그른지 가르침으로써 자녀가 실수를 두려워하도록 양육한다. 의도는 좋더라도 바람직하지 못한 방식이다. 그 사실을 알면서도 나도 모르게 내 아이들을 그런 식으로 양육했다. 안타깝지만 현실이 그렇다.

　자기가 완벽하기 때문에 또는 실수를 저지르면 '나쁜' 사람이 되기 때문에 절대 실수하지 않는다는 믿음을 품은 채 주식을 사고파는 것은 자살 행위나 다름없다. 수익이 손실보다 5배 더 크면 열 번 중 세 번만 '성공'시키는 전략이라도 완벽하다고 할 수 있다.

머리로는 받아들이기 쉽지만 그럼에도 사람들은 인지 편향에 빠진다. 인지 편향에 빠지기 쉽다는 것을 잘 알면서도 심리와 감정이 개입되면 전략을 제대로 구사하기가 어려워진다. 무엇보다도 수익과 손실이 개별 거래마다 측정되지 않는다는 것을 깊이 이해해야 한다. 수익과 손실은 당신이 얼마만큼 완벽하게 전략을 실행하느냐로 결정된다. 한 번의 거래에서 얻은 수익으로는 부자가 될 수 없다. 중요한 것은 모든 수익과 손실을 상계한 순수 잔고(net balance)와 개별 수익의 액수다. 손실은 최대한도로 줄이되 수익은 극대화하라. 전략이 그렇게 되도록 도와줄 테니 당신은 따르기만 하면 된다.

성공하는 길은 하나뿐이다. 얼마나 면밀하게 전략을 실행하고 리스크 감내 수준 내에서 거래하느냐에 성공이 달려 있다. 그것만이 스스로의 성과를 평가할 수 있는 방법이다.

제7장

12가지 재료의 비법

- 모든 전략은 단순, 명확하다

독자적인 전략을 세울 때는 모든 매매 전략이 제각기 다르지만 모두가 동일한 12가지 재료를 포함하고 있다는 사실을 알아두어야 한다. 펀더멘털 트레이더들조차 동일한 12가지 단계를 활용한다. 해당 단계 각각을 정확하게 파악하고 나면 전략의 모든 부분을 이해하고 실행하는 것도 용이해진다.

우리는 4부에서 내가 취급하고 있는 전략을 하나하나 구체적으로 알아볼 것이다. 우선은 12가지 재료 각각을 간략하게 살펴보기로 한다.

1. 목표

우리는 앞서 개인적인 목표(장기적으로 얼마만큼의 수익을 얻고자 하는지)에 대해 알아보았다. 그러나 전략의 목표에 대해서는 다루지 않았다. 두 가지 목표 모두 중요하다.

장기 추세추종 전략으로 거래하는 사람이라면 고공비행 중인 상승주에 포지션을 잡고 특정 추세의 움직임에 최대한도로 편승하려 할 것이다. 이 경우에 핵심 목표는 시장이 상승할 때 반드시 큰 수익을 얻는 것이 된다. 현실적으로는 정반대 목표도 필요하다. 전략상으로 해당 추세가 끝났다고 추정되면 바로 빠져나오는 것이다. 이와 같이 추세추종 전략을 실행하는 방법은 수익을 극대화하는 한편 손실을 인정하고 가능한 한 빨리 정리하는 것이다.

전략을 검증하고 실행하기 전에 그 전략으로 이루고 싶은 목표를 명확하게 정해야 한다. 성공적인 매매 전략은 믿음을 토대로 하는데 믿음은 목표를 지향한다.

주식매매에서의 목표는 심리적 목표, 기능적 목표, 개인적 목표, 전략의 목표 등 4가지로 이루어진다. 한 가지 전략을 활용할 경우에는 전략의 목표를 한 가지로 정한다. 여러 가지 전략을 동시에 구사하는 경우에는 몇 가지 목표를 세워야 한다.

심리적 목표는 전략대로 매매할 때 심리 상태에 아무런 영향을 받지 않는 것이다. 전략을 통해 수익을 뽑아내고 평균 손익 비율(win-loss ratio)이 아닌 평균 수익 비율(win ratio)을 높게 유지하고자 하면 먼저 MDD, CAGR, 매매 빈도를 정해야 한다. 평균 수익 비율을 높게 유지해야 하는 사람에게는 수익 목표가 포함된 평균회귀 전략이 적합하다. 평균 손익 비율이 높다는 것은 평균 수익이 평균 손실보다 더 크다는 뜻이다. 이 경우에는 추세추종 전략을 활용해야 한다.

기본적으로 소소하지만 잦은 수익을 원하는 사람은 높은 평균 수익 비율을 선호할 가능성이 크며 그에 따라 수익 목표가 포함된 평균회귀 전략이 적합하다.

드물지만 큰 수익을 선호하는 사람은 높은 평균 손익 비율을 선호할 것이다. 이때는 추세추종 전략이 적합하다.

기능적 목표는 자기 생활방식에 잘 맞고 스트레스를 받지 않는 방식으로 전략을 구사하는 것이다. 이를테면 자기 성향에 맞춰 매매 입력 빈도를 1주일에 한 번이나 하루에 한 번으로 정할 수 있다. 어떤 사람은 장중에 매매를 입력하는 것을 선호한다. 수동으로 입력하고 싶은가? 아니면 입력 과정을 자동화하거나 반자동화하고 싶은가? 사람을 고용하여 입력을 맡길 수도 있다.

개인적인 목표도 중요하다. 배우자나 자녀 등의 가족 구성원이 매매 전략에 영향을 줄 가능성이 큰가? 배우자가 투자은행에 근무하는 가? 투자은행은 기준 지표를 완전히 무시하지 못한다. 이 경우에는 대대적인 상승장이 나타날 때 배우자의 영향을 받을 수 있다.

다음으로는 전략의 목표가 있다. 여러 가지 전략으로 매매하는 경우 전략의 단일 목표는 무엇인가? 전략이 어떻게 작동할까? 상승장일 때 어떻게 반응할까? 당신의 전략은 하락장, 보합장, 변동장, 조용한 시장, 일반적인 시장 각각에서 어떤 조치를 취할까? 다른 조합으로 구성할 경우에는 어떻게 달라질까? 가능한 한 모든 시나리오에 대비해야 한다. 전략을 조합할 때 각각의 전략이 서로 잘 어우러지도록 해야 한다. 기존의 장기 추세추종 전략과 새롭게 개발한 공매도 전략을 조합할 경우 한 가지 전략이 수익을 얻지 못할 때 다른 전략은 수익을 얻을지도 고려해야 한다.

동시에 여러 가지 전략을 구사하고자 할 때는 각 전략이 다른 전략을 보완할 수 있게 설계하는 것이 중요하다. 다른 전략의 약점을 상쇄해줄 파트너 역할을 하는 것이다.

내 학생 중에서도 목표를 명확히 정하지 않은 이들은 전략 개발에 어려움을 겪는 경향이 있다. 일단 전략을 정하고 나면 지표를 사용하여 가격의 움직임을 측정하고 규칙을 정한 다음에 실행에 옮기면 된다.

사람들은 대부분 최소한의 드로다운으로 최대한도의 수익을 얻고 싶어 하며 그것을 주요 목표로 삼는다. 그러다 보니 자신의 심리나 목표에 부합하지 않는 전략을 세우곤 한다. 이는 파산으로 가는 자해 행위다.

2. 믿음

당신의 목표는 믿음과 직결된다. 예를 들어 추세추종은 시장이 대체로 횡보한다는 타당한 믿음에서 비롯된다. 그러나 시장이 추세를 탈 때 그 추세를 포착하면 막대한 수익을 올릴 수 있다. 수익이 워낙 크기 때문에 추세의 25%만 포착하는 것을 목표로 삼는 것도 가능하다. 목표를 세울 때 수익 목표치를 정하면 지표와 규칙을 통해 무슨 조치를 취할지 파악할 수 있다. 시장에 공포가 만연할 때 공포에 매입하는 것도 시장이 평균으로 회귀할 가능성이 평소보다 더 크다는 믿음에서 비롯된다. 이 두 가지 핵심 믿음은 단순하지만 효과적이고 검증된 믿음이다. 어떤 전략을 실행하든 그 기저에 깔린 핵심 믿음과 시장 원리를 이해해야 한다. 자신이 활용하는 전략의 바탕이 되는 믿음을 제대로 이해하지 못하면 자신감을 잃고 목표를 달성하지 못하게 된다.

믿음을 검증하는 것은 필수다. 특히 자신의 믿음이 건전한 시장 원리에 근거하는지 확인해야 한다.

우리가 매매하는 대상은 주식이 아니라 믿음이다. 주식시장 안에는 독자적인 의견을 지닌 사람 수십만 명이 존재한다. 그 가운데 실제로 수익을 얻는 이는 5%이지만 시장이 특정 방향으로 움직인다는 믿음을 지닌 사람은 100%다. 수익을 얻으려면 믿음을 가설로 세워 가설이 옳은지 백테스트하고 옳다면 그 믿음에 근거한 전략을 세워야 한다. 시장은 제 할 일을 할 뿐 참가자들이 무슨 생각을 하는지 신경 쓰지 않는다. 우리는 믿음에 따라서만 거래할 수 있다. 장기적으로 수익을 얻으려면 그 믿음이 과학적이고 논리적으로 옳아야만 한다.

우리는 처음에 믿음을 규정하고 백테스트를 통해 그 믿음이 타당하지 않다는 사실을 깨닫지만 그 과정에서 다른 믿음을 찾아내곤 한다. 예를 들어 20일 최고가에 매입해야 우위를 확보할 수 있다는 믿음이 있다고 치자. 과거에 터틀 그룹은 20일 최고가를 진입 신호로 간주했으며 1980년대 선물 시장에서 어마어마한 성공을 거두었기 때문에 그 같은 믿음은 타당해 보인다. 그러나 백테스트 해보면 터틀 그룹이 1980년대에 막대한 수익을 얻기는 했지만 그 이후에는 대체로 미미한 성과를 보이고 있으며 심지어 몇 차례의 대대적인 드로다운을 겪었다는 것을 알 수 있다. 그러나 100일이나 200일 최고가를 진입 신호로 삼는다면 수익을 얻을 가능성이 커진다. 따라서 이때는 기간을 늘리는 식으로 믿음을 수정하면 된다.

매매 정보를 기록하고 돌이켜보면 새로운 믿음을 개발할 뿐만 아니라 현재 믿음이 타당한지 확실하게 평가할 수 있다. 적어도 1년에 한 번은 자신의 믿음을 재평가하고 그 믿음이 여전히 타당한지, 변한 것이 전혀 없는지 확인해야 한다. 그렇다고 매개변수를 자주 바꾸라는 이야기는 아니지만 가끔씩 검토할 필요는 있다. 특히 통계적으로 예상보다 더 큰 하락세가 보이기 시작하면 기존 믿음을 철회하고 재규정해야 한다.

3. 거래 대상

당신의 목표와 믿음은 명확한가? 그렇다면 무엇을 매매할 것인가? 이 책은 주식만을 다루지만 매매할 수 있는 금융 상품은 주식 이외에도 다양하다. 미국의 상장 주식은 7,000가지를 웃돈다. 당신의 거래 대상은 무엇인가? 뉴욕 증권거래소나 미국 거래소의 상장 주식이며 나스닥 주식을 거래하고 싶은가? 아니면 S&P 500이나 나스닥 100 같은 지수를 거래하고 싶은가? 어떤 것을 거래 대상으로 삼느냐에 따라 제각기 장단점이 있다.

고빈도 매매 전략을 활용할 때는 포트폴리오 규모가 커야 좀 더 용이하다. 한마디로 거래 대상이 광범위해야 한다는 뜻이다. 단기 수익을 포착하고 청산하는 과정을 되풀이하는 평균회귀 전략의 경우에도 마찬가지다. 거래 당 예상 수익이 작기 때문이다. 평균회귀 전략에 따라 다우존스같이 작은 지수를 자주 거래하면 어쩌다 쏠쏠한 수익을 얻을 가능성은 생기지만 거래량이 적기 때문에 막대한 수익을 올리기 어렵다. 해마다 20건을 거래하고 대부분의 거래에서 수익을 얻은들 자금 사정이 크게 개선되지는 않는다는 뜻이다.

롱 포지션만 취하는 전략으로 거래하려 할 때는 3개월에 한 번씩 있는 지수 재조정 때문에 신통찮은 기업은 시장에서 제외된다는 믿음을 바탕으로 해야 한다. 이 같은 믿음은 추세추종 전략을 개발할 때 유용한 정보가 될 수 있다. 추세추종은 오랜 기간 동안 한 포지션에 머물러 있되 큰 수익을 포착하려 한다는 점에서 평균회귀와 정반대다.

반면에 선별 필터가 확실하면 추세추종을 대규모 포트폴리오에 활용하는 것도 무방하다. 주식 전반에 추세추종 전략을 활용하는 것은 가능하지만 정말로 원하는 주식을 고르려면 더 많은 필터가 필요하다는 뜻이다.

내가 주가지수가 필요하다는 믿음을 권장하는 까닭도 그 때문이다. 물론 아직 주가지수에 포함되지 않은 주식을 절대로 선정하지 말라는 뜻은 아니다. 예를 들어 초창기 마이크로소프트의 주식은 소량이었고 주가지수에도 포함되지 않았다. 따라서 초기 단계의 주식을 추가하는 것은 괜찮다.

4. 필터

전략의 지시대로 매입할 주식을 충분히 확보하기 위해서는 유동성 필터를 정해야 한다. 그러나 유동성은 투자 자금의 액수에 좌우된다. 자금이 5만 달러 정도이면 (1일 평균 거래 물량이 10만 주 이하 정도로) 거래 물량이 얼마 되지 않는 주식을 매매해도 좋다. 그러나 그보다 자금이 많을 때는 거래 물량이 적은 주식을 매매해서는 안 된다. 거래할 때마다 시장이 과도하게 들썩일 것이 분명하기 때문이다. 한 가지 방법은 자금 규모를 기준으로 물량 필터를 정하는 것이다. 그 이외에도 평균 거래 가치(average dollar volume, 주가와 1일 평균 거래 물량을 곱한 수치-역주) 대비 몇 퍼센트 이상으로는 거래하지 않도록 필터를 설정하는 방법이 있다. 공매도의 경우에는 공매도가 가능한 주식을 확보하려면 상당한 유동성이 필요하기 때문에 거래 물량이 한층 더 중요해진다.

투자 자금이 많지 않으면 대형 투자자들에게는 허용되지 않는 주식에 접근할 수 있다는 이점이 있다. 굉장한 이점이므로 가능하다면 반드시 활용하라.

최소 주가 필터도 필요하다. 동전주(penny stock, 주가가 5달러 미만인 주식-역주)를 좋아하지 않는 사람은 최소 주가를 더 높이 설정해야 한다.

동전주는 이를테면 30달러에 거래되는 주식과는 다른 형태로 움직인다. 80센트 정도의 동전주를 매매할 때는 비이성적인 움직임과 변동성이 따르리라는 것을 감안해야 한다.

변동성 필터도 중요하다. 변동성이 지극히 큰 주식과 작은 주식은 걸러내는 편이 합리적이다. 물론 이는 논쟁의 여지가 있는 믿음이다. 변동성 기반의 포지션 규모 설정을 활용하기만 해도 충분하다는 사람도 있기 때문이다. 그러나 나는 변동성 필터가 필요하다고 본다. 평균 변동성이 S&P 500 대비 20분의 1에 불과한 주식은 움직임이 전혀 없어 도움이 되지 않는다. 변동성이 극도로 큰 주식을 매매하는 것은 가능하지만 수익 문제가 따른다. 변동성 필터는 미리 정하는 편이 안전하다. 믿음과 목표를 바탕으로 포트폴리오의 변동성 수준을 결정하라.

5. 설정

거래에 돌입하기 전에 특정 주식의 움직임을 기준으로 그 주식을 사고, 팔지를 정하는 규칙을 만들어야 한다. 우리는 시장 종가(end-of-day price)의 움직임만을 참고로 하므로 설정 단계에서 이런 질문을 던진다. "그다음 날 매입하거나 공매도할 주식을 알려주는 규칙에 부합하는 숫자는 얼마인가?" 예를 들어 200일 이동 평균을 약간 웃도는 추세에 매입하거나 과매수 된 주식을 공매도하겠다고 설정할 수 있다. 그다음 날 어떤 주식을 매입하고 공매도할지 알려주는 기준에 부합하는 상황을 명확하게 규정하기만 하면 추세나 되돌림(pullback, 지속적인 상승세의 반작용으로서 주가가 일시적으로 하락하는 것-역주) 같은 현상에 대해서도 규칙을 정할 수 있다.

자신이 어떤 유형의 진입을 추구하는지 명확한 믿음과 목표가 있으면 기술적 지표를 활용하여 원하는 바를 실행하면 된다. 자신이 어떤 유형의 진입을 추구하는지 알고 있으면 (예를 들어 유행하는 주식에 진입하는 것이 목표라면) 이동 평균이나 최고가 등의 기술적 지표를 활용하여 믿음과 목표를 정량화하라.

예를 들어 과매도 된 주식이 평균으로 회귀하리라는 믿음에서 그러한 주식을 찾는 것이 목표라면 과매도 된 주식을 가려낼 지표가 필요하다. 예를 들어 상대 강도 지수(relative strength index, RSI)가 특정 기준치 아래로 하락하면 과매도로 판단할 수 있다.

먼저 믿음과 목표를 정한 다음에 그 믿음과 목표를 정량화할 지표를 찾으라.

6. 순위

전략이 만들어내는 셋업(매매 제안)이 포지션 규모가 허용하는 것보다 더 많을 때가 있다. 포지션 규모로는 (리스크 관리 차원에서) 10건만 가능한데 전략이 하루에 50건의 매매를 진행하라고 지시할 수도 있다. 이 경우에는 순위가 높은 매개변수를 기준으로 가장 먼저 매매할 주식 10가지를 선택한다.

전략과 선호도에 따라 다르겠지만 주식 10가지를 선택할 때 변동성이 가장 크거나 작거나 이 가장 높거나 가장 과매도 되거나 가장 강력한 단기 추세를 탄 주식을 우선으로 선택할 수 있다.

예를 들어 평균회귀 전략에 따라 조정된 주식을 매입할 경우 변동성이 가장 크거나 가장 과매도 된 주식 10가지를 선택할 수 있으나 둘 중 어느 것을 우선시하느냐에 따라 결과가 달라진다. 순위는 매매할 주식 선정에 큰 영향을 주므로 사전에 정해두어야 한다.

7. 진입

그다음으로는 셋업 요건이 충족되고 주문을 넣고 진입하는 상황을 규정해야 한다. 그다음 날 어떤 형태로 시장에 진입할 것인가? 시장이 문을 열 때 주문을 넣을까? 아니면 백분율이나 평균 실질 범위(average true range, 변동성 지표 중 하나로 실제 가격 변동폭의 평균값을 의미함-역주) 같은 특정 수치가 충족될 때 진입할까? 한참 더 하락할 때 진입할까? 지정가 주문(limit order)이나 시장가 주문(market order) 중 무엇으로 할까? 미리 정할 문제들이다.

전략에 따른 구체적인 규칙에 대해서는 4부에서 알아보기로 한다. 규칙을 이해하면 진입 상황을 이해하기도 용이해진다.

8. 손절매

포지션을 입력할 때 미리 정해둔 청산 시점이 있으면 리스크를 줄일 수 있다. 청산 시점을 사전에 정하면 거래가 계획대로 진행되지 않을 때 하락하는 주식을 정리할 수 있다. 가망 없는 주식을 파악하여 그 주식을 매도하라. 손실을 겸허하게 받아들이고 앞으로 나아가라. 지금은 패배한 듯 느껴지더라도 장기적으로는 승리할 수 있다.

9. 재진입

가격 역지정 거래가 완료되어 주식이 팔린 직후에 시장이 다른 신호를 보내면 재진입할 것인가? 아니면 일정 기간 동안 재진입을 보류할 것인가? 전략에 따라 다르다. 주식을 매도한 날에 신호를 포착할 수도 있는데 이 경우에는 마음이 불편해질 수밖에 없다. 손실을 낸 주식을 다시 매수하고 싶지 않으면 그에 해당하는 규칙을 마련하는 편이 좋다. 백테스트 결과 재진입이 통계적으로 유리하면 기존 전략을 따르고 무조건 매입하라.

10. 수익 보호

수익성이 좋은 매매를 할 때 수익을 보호하기 위한 설정값을 두는가? 추적 역지정가 주문(trailing stop)을 이용하면 수익을 보호할 수 있다. 주식이 고점 대비 X 퍼센트 넘게 하락할 때 주식을 매도하는 것이다. 추적 역지정가 주문은 상승하는 주가를 따라 움직인다. 주식이 급격히 하락할 때 이익을 보호하기 위한 방법이다.

11. 차익 실현

자존심을 버리지 못하고 가능한 한 많은 '승리'를 거두어야 기분이 좋아지는 사람은 이를테면 "주식이 20% 상승하면 청산할 것"이라는 식으로 목표 수익을 미리 정해야 한다. 목표 수익은 믿음, 목표, 성격에 따라 달라지지만 미리 정하기만 하면 된다. 거래 한 건 당 수익은 적더라도 평균 수익률이 더 높으면 훌륭한 전략을 구사하고 있는 것이다.

12. 포지션 규모

포지션 규모는 투자 금액을 결정하는 요소다. 어떤 전략이나 수학 알고리즘이나 규칙을 활용하여 투자 포지션의 규모를 정할 것인가? 미리 정한 목표를 달성하려면 포지션 규모를 설정해야 한다. 4부에서 자세히 설명하겠지만 전략에 따라 적정 리스크도 달라진다. 검증된 규칙을 최대한도로 활용하려면 적절한 포지션 규모 설정이 반드시 필요하다.

다음 4부에서는 우리는 믿음과 목표가 제각각이며 각양각색의 사람에게 어울리는 여러 전략을 알아볼 것이다. 모두 큰 이점이 있으며 오랜 기간에 걸쳐 검증된 전략이다. 전략의 성패는 그 전략을 활용하는 사람이 무엇을 원하는지, 그리고 그 사람에게 얼마만큼 적합한지에 달려 있다.

그런 다음에 우리는 개별 전략을 서로 연관되지 않은 전략 세트로 조합하는 방법을 살펴볼 것이다. 이런 식으로 전략을 조합하면 자신만의 강점을 기하급수적으로 확대할 수 있다. 전략의 성과는 시장 유형에 따라 달라지는데 알다시피 시장은 비이성적이고 예측이 불가능하다.

어쨌든, 생각보다 훨씬 더 쉬운 내용이다. 모든 전략은 단순하고 명확한 규칙을 토대로 하기 때문이다. 4부의 각 챕터는 내가 개발하거나 내가 운영하는 트레이딩 마스터리 스쿨(Trading Mastery School)의 엘리트 멘토링 프로그램을 듣는 고객들이 내 도움을 받아 구축한 전략과 그 사례다.

제4부

검증된 전략들

제8장

주간 회전 S&P 500 전략
- 바쁘거나 게으른 사람을 위한 전략

주중에 너무 바빠서 주식을 매입하거나 청산할 시간이 없는가? 주간 회전 전략을 활용하면 주말에만 매입 주문을 입력해도 된다.

일이 아니라도 달리 할 일이 많거나 게으른 사람이라도 해당 전략을 이용하면 문제 될 일이 없다. 단, 전략을 구사하기 전에 그러한 특성을 전략에 추가해야 한다. 1주일에 한 번만 거래하는 것이 생활방식에 잘 맞거나 하루도 빠짐없이 시장에 신경 써야 하는 것이 싫은 사람에게는 이만큼 적합한 전략이 없다.

IRA나 401k 계좌와 같이 롱 포지션 거래만이 허용된 계좌에 투자하는 사람에게도 안성맞춤이다. 이 전략 자체가 롱 포지션만을 위한 전략이다.

뉴스를 보거나 직장 또는 사교 모임을 통해 외부의 잡음을 접할 기회가 많은 사람에게도 이 전략이 유용하다. 넷플릭스나 테슬라처럼 언론의 긍정적인 보도만 이끌어내는 탄탄한 기업의 고공 상승하는 주식에 주로 투자하기 때문이다.

게다가 단순하여 누구나 따라 할 수 있다.

목표

- 대형 지수에 포함되었으며 가격이 상승 중인 우량주를 롱 포지션만으로 취한다.
- 1주일에 한 번만 거래를 실행한다(주중에는 시장 상황을 살펴볼 필요가 전혀 없다).
- 계속 상승할 것으로 기대되는 대형 유행주에 올라탄다.
- S&P 500을 (CAGR의 2배 이상으로) 크게 앞지르며 하락장에서는 드로다운을 더 작은 폭으로 유지한다.

믿음

시장은 횡보하며 추세를 탄다. 내 믿음은 우리가 실적이 가장 우수한 주식에 올라타서 매매하면 엄청난 수익을 얻을 수 있다는 것이다. 주식이 오랫동안 상승세를 탈 수 있다는 것은 역사를 통해 거듭 입증된 사실이다. 가장 대표적인 사례가 마이크로소프트, 애플, 델,

넷플릭스 등의 주식이다.

이 전략의 가장 큰 장점은 예상을 웃도는 큰 수익률이다.

상승 추세가 이어지고 주식이 업계 상위 10위 안에 들면 그 주식을 그대로 보유한다. 상승 중인 주식을 팔아치울 이유가 있는가?

거래 대상

- S&P 500 지수에 포함된 주식만 매매한다.
- 백테스트를 위해서는 S&P 500에 상장된 주식뿐만 아니라 상장이 폐지된 주식과 관련 데이터까지 모두 감안해야 한다.

필터

- 지난 20일 동안의 최소 거래 물량이 100만 주를 웃도는 주식이어야 한다(그래야 충분한 유동성이 확보된다).
- 주당 1달러 이상인 주식이어야 한다.

포지션 규모 설정

- 우리는 최대 10개 포지션을 매매하며 보유한 주식의 가치를 10으로 나눠 포지션 규모를 계산한다. 매우 간단한 포지션 규모 설정 전략이다. 물론 목표가 무엇이냐에 따라 동일한 전략이라

도 다른 알고리즘을 활용하여 거래할 수 있다.

\- 예시:

총 주식 가치: 10만 달러

포지션 당 규모: 10만/10 = 1만 달러

주식이 40달러에 거래된다 치면 우리는 250주를 매입한다(1만/40 = 250).

진입 규칙

1. 오늘은 주중의 마지막 거래일이다(주로 시장이 마감된 직후인 금요일 오후나 저녁이다). 우리는 시장 종가 데이터를 취한다.

2. SPY(S&P 500 지수를 추종하는 ETF)의 종가가 200일 단순 이동 평균 범위를 웃돈다.

   200일 단순 이동 평균을 2% 밑도는 그룹이 존재한다.

  (1) 주가가 200일 단순 이동 평균을 밑돌 수도 있지만 그보다 2% 이상 하락하지는 않는다.

   200일 단순 이동 평균은 훌륭하면서도 단순한 척도다. 기관 투자자 대부분이 200일 단순 이동 평균을 주시하지만 이들이 보는 200일 단순 이동 평균에는 잡음이 섞여 있다. SPY는 200일 단순 이동 평균 아래로 하락하다가도 그다음 날 다시 상승할 때가 많다. 따라서 우리는 2%의 완충 범위를 둔다.

(2) 주식이 200일 단순 이동 평균 범위를 웃도는 한 포지션에 진입할 수 있다. SPY는 S&P 500의 주가를 그대로 따라간다.

3. 최대 10개 포지션을 거래하며 포지션은 다음과 같이 선정한다.
  (1) 주식의 3일 RSI 값이 50 미만이다.

  RSI는 어떤 주식이 얼마만큼 과매수 되거나 과매도 되는지 측정하는 오실레이터(oscillator, 어떤 범위 내에서 진동하면서 과매수나 과매도 정도를 표시하는 기술 분석 지표-역주)다. RSI가 높은 주식은 과매수 된 것이다.

  우리 방법대로 하면 주식이 극도로 과매수 되지 않는다. 유행하는 주식이라도 극단적으로 과매도 된 경우에는 통계적인 우위가 감소한다.

4. 위의 1~3번 규칙이 옳다고 가정한다면 우리는 지난 200 거래일 동안 변화율(rate of change, 백분율 증가폭)이 가장 높은 주식 10가지를 선정한다.
  (1) 상승폭이 가장 큰 주식을 보유하고 싶다.
  (2) 모멘텀(momentum, 주가가 얼마나 상승하거나 하락할지 추세의 가속도를 나타내는 지표-역주)을 측정한다.

5. 우리는 그다음 주 첫날, 시장이 열려 있을 때 거래를 입력한다.

청산 규칙

1. 오늘은 주중의 마지막 거래일이다.

2. 우리 주식이 지난 200일 동안 변화율 상위 10위 안에 들었으면 같은 포지션을 유지한다. 이처럼 주식이 여전히 상승 추세에 있다면 팔 이유가 없다.

3. 우리 주식이 변화율 상위 10위 안에 들지 못하면 새로운 포지션으로 회전한다. 다시 말해 그다음 거래일 장중에 주식을 팔고 지난 200일 동안 변화율(수익률) 상위 10위 안에 든 주식으로 갈아탄다.

4. 해당 전략에는 정해진 손절매 지점이 존재하지 않는다. 그 이유는 포지션을 청산하고 회전하는 특성 때문이다. 모멘텀이 가장 강력한 주식만 그대로 보유하고 아니면 회전하기 때문에 손절매는 도움이 되지도 않고 필요하지도 않다. 더욱이 우리 목표는 1주일에 한 번만 매매하는 것이므로 주 단위로 손절매 지점을 정할 이유가 없다.

검증 결과는 정해진 손절매 지점이 있든 없든 거의 동일하다. 주식이 가치를 잃기 시작하여 손절매 지점에 도달하면 자동으로 회전하기 때문이다.

손절매 지점 없이 거래하는 것이 불편하고 리스크를 좀 더 명확하게 규정하고자 한다면 주가가 20% 하락할 때 손절매하도록 기준점을 잡는다. 이렇게 하면 계좌의 2%가 리스크에 노출된다 (20% 하락할 때의 손절매 x 포지션의 10%).

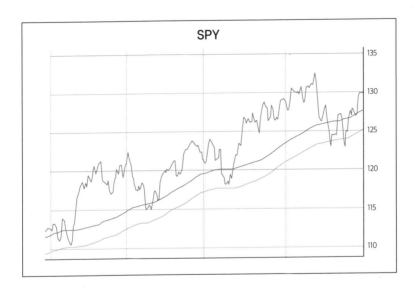

위의 도표는 200일 단순 이동 평균의 범위를 보여주는 예시다. 진회색 선은 200일 단순 이동 평균이고 연회색 선은 그보다 2% 낮은 단순 이동 평균 범위다.

마감 잔고	5,041,642.28
CAGR%	19.61%
최대 드로다운 총합	30.7%
최장 드로다운 기간	38.1
수익 비율	48.9%
평균 손익 비율	2.2
평균 거래 일수	35.84
R^2	0.92
R^3	0.36
1년간 소르티노 지수	5.85
궤양 지수	10.06

1995년 1월 2일 ~ 2016년 11월 23일	매매 시스템	기준 지표
CAGR	19.61%	7.48%
최대 드로다운	30.67%	56.47%
최저 월간 수익률	-13.82%	-16.52%
최저 일간 수익률	-10.01%	-9.84%
연평균 변동성	20.54%	19.31%
샤프 지수	0.95	0.39
MAR	0.64	0.13
기준 지표 대비 일간 수익률의 상관도	0.49	1.00
1년간 누적 수익률	10.21%	8.26%
월간 누적 수익률	8.13%	3.83%
총 수익률	**4,941.67%**	**385.05%**

내 검증 소프트웨어는 MAR, 샤프 지수, R^2, R^3, 소르티노 지수, 궤양 지수 같은 통계치를 산출한다. 각각 장단점이 있는 통계치들이다. 무엇보다도 검증 전에 목표를 명확히 정해야 어떤 통계치가 자신의 상황에 가장 적절한 도움을 주는지 파악할 수 있다.

그러나 이 통계치들은 '마법의 숫자'가 아니다. 특정 지점에 이르러 영원히 고정되는 것은 없다. 모두 과거 데이터를 바탕으로 한 통계치다.

기관 투자자들은 주로 MAR와 샤프 지수를 활용한다. MAR 비율은 금융지인 《매니지드 어카운츠 리포트(Managed Accounts Report)》가 개발한 간단한 척도로서 CAGR을 최대 드로다운으로 나눈 값이다. 간단히 말해 고통 대비 이익 비율(gain to pain ratio)이다. 상관도를 나타낸다. 매우 유용한 척도이지만 드로다운이 얼마나 오래 지속될지는 알려주지 않는다. 게다가 큰 폭의 드로다운을 겪은 이후에는 전략 운용 기간 내내 MAR이 부정적으로 나타난다.

샤프 지수도 기관 투자자들 사이에서 자주 활용되며 리스크 조정 수익률의 산출에 가장 널리 사용되는 척도다. 기관 투자자들은 샤프 지수가 높은 주식을 선호한다. 샤프 지수는 무위험 수익률을 초과하는 보유 기간 평균 수익률을 자산 수익률의 표준 편차로 나눈 값이다.

소르티노 지수(Sortino ratio)는 샤프 지수의 변형으로 상방 변동성 (upside volatility)을 부정적인 것으로 간주하지 않으며 추세추종 전략에 적합하다. 특히 약간의 초과 수익을 얻는 데 도움이 된다.

R^2은 손익 곡선의 경사도를, R^3은 CAGR, 최대 드로다운, 드로다운 기간의 상관관계를 측정한다.

궤양 지수(Ulcer index)는 최대 드로다운과 드로다운 기간을 감안하여 하방 리스크를 측정한다. 궤양 지수는 낮을수록 좋다.

어쨌든 마법의 지표는 없다. 목표를 설정하고 어떤 통계나 통계 조합이 자신에게 가장 유용한지 확인하라.

이 예시의 기준 지표는 S&P 500이다. 위의 백테스트((backtest, 자신의 투자 전략을 과거 데이터로 검증해보는 것-역주) 결과에서 알 수 있듯이 CAGR은 기준 지표보다 3배 가까이 높으며, 최대 드로다운은 절반에 가깝다. 특히 CAGR을 최대 드로다운으로 나눈 MAR은 훨씬 더 높다. 샤프 지수는 3배 가까이 높으며 전략과의 상관도는 낮다.

평균 수익 비율은 높지 않지만 평균 손익 비율이 2대 1이다. 수익을 내는 거래가 손실을 내는 거래보다 2배 많다는 뜻이다. 추세추종 전략에서는 이것이 강점으로 작용한다.

실적 곡선 - 로그 스케일

총 주식 자산

5,000,000

2,000,000

1,000,000

500,000

200,000

100,000

'96 '97 '98 '99 '00 '01 '02 '03 '04 '05 '06 '07 '08 '09 '10 '11 '12 '13 '14 '15 '16

1997년부터 2000년 초까지는 큰 폭의 상승이 있었다. 그러다가 2년 동안 보합세가 유지되었다. 바로 이 시기에 S&P 500이 200일 이동 평균 범위 아래로 떨어졌는데 우리는 이때 거래를 중단했다. 이와 같이 하락장일 때 우리는 보합세를 유지했으니 괜찮은 성과였다.

그 이후 상황이 다시 호전되었으나 2008년에 대대적인 하락장이 나타난 이후로는 다시 보합세를 이어갔다. 우리는 그동안 아무 행동도 하지 않음으로써 드로다운을 최소화하고 안전하게 현금을 보유할 수 있었다. 그러다 시장이 반등했을 때 우리는 큰 수익을 얻었다.

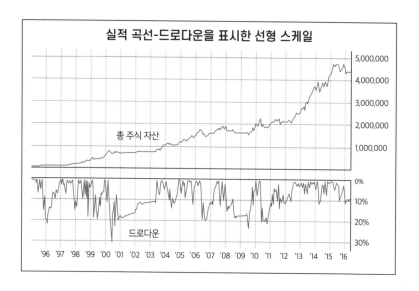

실적 곡선-드로다운을 표시한 선형 스케일

총 주식 자산

드로다운

주의할 점은 이 전략이 아무 거래도 하지 않는 하락장에서는 지루하게 느껴질 수 있다는 것이다. 그래도 다른 사람들이 손실을 입을 때 우리는 보합세를 유지할 수 있다는 것이 장점이다.

보다시피 우리는 1998년과 1999년에 놀라운 성과를 얻었다. 하락장임에도 수익을 낸 것이다. 이때 우리는 기준 지표인 SPY를 큰 폭으로 앞질렀다.

기본적으로 이 전략은 상승장에서는 시장보다 더 뛰어난 성과를 내며 하락장에서는-보합세를 유지하며-드로다운을 최소화한다. 시장이 하락할 때는 매매 설정을 많이 하지 않는다. 뚜렷한 상승 추세나 하락 추세가 나타나지 않는 보합장에서는 괜찮은 성과를 낸다.

한 해 동안 막대한 초과 수익을 얻을 때는 시장이 반전하여 큰 폭의 드로다운이라는 대가를 치를 가능성도 있다. 추세추종 전략을 활용할 때 예상할 수 있는 결과다.

앞서 설명한 바와 같이 해당 전략을 운용할 때는 손절매 지점을 둘필요가 없다. 그러나 주가가 예상과 다른 방향으로 움직일 때 불안해져서 습관적으로 손절매하는 사람도 있다.

	1월	2월	3월	4월	5월	6월	7월	8월	9월	10월	11월	12월	연간	SPY	SPY 비교
1995	2.09%	5.45%	2.26%	1.89%	2.15%	8.00%	7.08%	5.88%	1.90%	-3.00%	-6.51%	5.27%	22.81%	35.16%	-12.36%
1996	3.27%	3.27%	-0.31%	2.52%	3.94%	1.92%	-2.01%	3.42%	-0.13%	1.85%	4.21%	-0.07%	23.96%	20.31%	3.65%
1997	10.26%	-3.52%	-2.48%	6.58%	7.14%	0.42%	16.92%	-.30%	6.38%	-10.49%	2.31%	-0.71%	34.12%	31.39%	2.73%
1998	7.85%	15.19%	-1.57%	10.97%	1.00%	8.27%	6.83%	-6.15%	18.56%	0.15%	-3.41%	14.14%	93.92%	27.04%	66.87%
1999	25.59%	-13.82%	6.71%	-4.27%	-2.51%	7.25%	1.68%	5.01%	-2.35%	7.42%	10.38%	23.08%	75.87%	19.11%	56.77%
2000	-5.15%	30.14%	-6.00%	-6.17%	-10.79%	11.43%	-5.21%	18.91%	-7.48%	-6.92%	-0.78%	1.21%	5.49%	-10.68%	16.17%
2001	-1.43%	0.41%	0.42%	0.40%	0.35%	0.31%	0.33%	0.31%	0.24%	0.20%	0.17%	2.58%	4.34%	-12.87%	17.21%
2002	2.56%	0.24%	0.52%	0.18%	-1.13%	0.17%	0.15%	0.14%	0.14%	0.14%	0.09%	0.10%	3.31%	-22.81%	26.12%
2003	0.09%	0.06%	-0.25%	6.50%	6.61%	-2.96%	0.46%	9.09%	3.86%	12.71%	2.24%	-0.56%	43.60%	26.12%	17.47%
2004	4.61%	0.16%	-3.61%	-8.12%	3.97%	1.52%	0.22%	-2.34%	2.04%	2.86%	9.59%	1.65%	12.09%	8.94%	3.15%
2005	-0.11%	5.06%	-2.45%	-5.18%	6.95%	1.39%	4.83%	4.80%	4.14%	-4.56%	2.40%	1.69%	19.29%	3.01%	16.28%
2006	11.92%	1.81%	6.78%	-2.14%	-6.66%	2.35%	-7.44%	-4.18%	-0.45%	7.58%	3.10%	0.54%	8.01%	13.74%	-5.74%
2007	0.81%	-3.85%	8.36%	1.84%	3.90%	-1.30%	2.45%	-1.77%	5.69%	0.73%	-3.50%	4.95%	19.02%	3.24%	15.78%
2008	-12.21%	1.04%	-1.31%	0.39%	1.62%	1.74%	-7.22%	0.42%	-0.63%	0.13%	0.03%	0.03%	-15.72%	-38.28%	22.56%
2009	0.01%	0.01%	0.01%	0.01%	0.01%	-1.07%	3.70%	1.98%	5.34%	-5.09%	6.45%	8.00%	20.33%	23.49%	-3.17%
2010	3.14%	4.04%	4.97%	-1.67%	-7.95%	-6.07%	0.53%	0.22%	0.26%	-0.65%	5.14%	1.45%	2.52%	12.84%	-10.32%
2011	3.14%	3.60%	5.09%	0.83%	0.57%	-2.08%	3.57%	-6.16%	-2.91%	2.79%	1.15%	-3.47%	4.39%	-0.20%	4.59%
2012	1.95%	2.95%	1.98%	-2.29%	1.66%	6.96%	-0.30%	3.04%	4.01%	2.12%	-0.16%	1.08%	21.80%	13.47%	8.33%
2013	-0.84%	-1.65%	5.08%	0.93%	6.34%	-2.27%	9.88%	-0.96%	6.10%	3.28%	4.19%	-0.35%	44.16%	29.69%	14.47%
2014	7.42%	5.93%	-6.47%	-2.31%	4.42%	4.86%	-4.55%	4.31%	0.85%	-1.32%	6.44%	1.10%	12.20%	11.29%	0.91%
2015	-0.71%	6.24	0.53%	-3.70%	6.01%	-2.14%	-0.63%	-4.12%	-0.79%	2.98%	2.91%	-1.46%	9.46%	-0.81%	10.28%
2016	-0.71%	6.24	1.48%	-2.25%	2.28%	2.51%	6.70%	0.31%	2.28%	-4.37%	8.13%		10.21%	8.26%	1.95%

다음 도표를 보면 주간 회전 전략을 운용할 때 손절매하는 방법을 가늠할 수 있다.

보다시피 손절매 구간을 작게 설정하면 좋은 성과를 얻을 수 없다. 움직임이 큰 주식에 대해서는 충분한 여지를 두어야 하기 때문이다. 손절매 구간을 작게 설정하면 가격이 요동칠 때 주식이 청산될 가능성이 크다. 주가가 20% 정도 하락할 때 손절매하도록 설정하면 원래 전략대로 손절매 없이 거래할 때와 비슷한 결과를 얻을 수 있다.

이제 몇 가지 예시를 살펴보자.

모의 손절매 구간	CAGR%	MAR	총 주식 자산 대비 최대 드로다운	최장 드로다운 기간		평균 수익 비율/ 평균 손익 비율
1%	9.55%	0.33	28.6%	85.0	14.8%	7.8
2%	11.36%	0.47	24.4%	48.8	21.1%	5.1
3%	12.20%	0.47	26.0%	47.9	26.7%	3.9
4%	13.32%	0.51	26.3%	48.5	31.1%	3.3
5%	13.50%	0.50	27.1%	83.6	34.9%	2.7
6%	14.22%	0.51	27.9%	83.7	38.5%	2.4
7%	14.90%	0.54	27.4%	38.2	40.5%	2.3
8%	15.20%	0.56	27.3%	38.6	42.3%	2.2
9%	15.34%	0.55	27.7%	39.0	43.5%	2.1
10%	15.45%	0.56	27.8%	38.8	44.9%	1.9
11%	15.22%	0.52	29.1%	45.2	45.2%	1.9
12%	16.11%	0.54	30.0%	38.8	46.0%	1.9
13%	15.96%	0.51	31.3%	39.0	46.3%	1.9
14%	16.18%	0.54	30.0%	39.1	47.3%	1.8
15%	16.39%	0.53	30.7%	38.9	47.5%	1.9
16%	16.64%	0.56	29.8%	38.9	47.7%	1.9
17%	17.17%	0.57	29.9%	38.9	48.3%	1.9
18%	17.04%	0.56	30.4%	39.2	48.2%	1.9
19%	17.39%	0.56	30.9%	39.2	48.9%	1.8
20%	17.75%	0.57	31.4%	40.0	48.9%	1.9
21%	17.84%	0.56	31.8%	40.0	49.2%	1.9
22%	17.81%	0.55	32.2%	41.9	49.2%	1.9
23%	17.78%	0.54	32.7%	41.9	49.3%	1.9
24%	17.88%	0.56	31.7%	40.0	49.1%	1.9
25%	17.91%	0.55	32.3%	42.0	49.2%	1.9
26%	17.83%	0.55	32.7%	42.3	49.2%	1.9
27%	17.87%	0.55	32.4%	42.3	49.1%	1.9
28%	17.82%	0.54	32.7%	42.4	49.4%	1.9
29%	18.11%	0.59	30.5%	39.1	49.2%	1.9
30%	18.10%	0.59	30.7%	39.2	49.4%	1.9

예시 1. 진입

　델(DELL) 주식은 오랜 상승세를 거친 후에 200일 동안 변화율이 가장 높은 주식 10위권에 들어갔으며, 3일 RSI 값이 50 미만이다. 따라서 우리는 주중 첫날 장중에 진입한다.

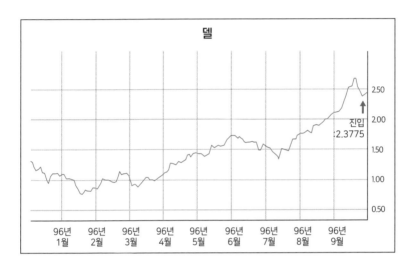

예시 2. 청산

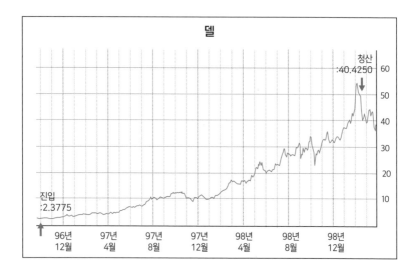

2년 넘게 유지했을 정도로 이상적인 거래였다. 주식은 지속적으로 상승했고 2년여 내내 최고 성장주 가운데 하나였다.

◆━━━━ 하루 30분 미국주식 대박나기 ━━━━◆

예시 3.

진입: 85.04 청산: 131.08

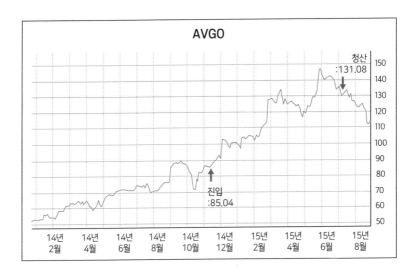

주간 회전 전략을 운용하면 1주일에 한 번 30분만 일해도 높은 두 자릿수 수익률을 손쉽게 달성할 수 있다. 단순한 전략이라 매매에 쉽게 활용할 수 있다. 그러면서도 (CAGR 19.7%인) S&P 500의 연간 수익률보다 3배 높은 수익률을 달성하는 한편 드로다운은 거의 절반 수준으로 유지할 수 있다.

한 주 동안 당신이 수행해야 할 과제는 한 가지다. 시장 전반의 추세가 상승세인지 확인하고, 상승세라면 지난 200일 동안 가장 실적이 좋았던 (변화율이 가장 높은) 주식 종목 10가지를 선택하라. 누구나 할 수 있는 일이다.

제9장

평균회귀 롱 전략
- 과감한 역투자자들을
위한 전략

평균회귀 롱 전략은 다수와 반대 방향으로 투자하는 것에 거리낌이 없는 역투자자에게 안성맞춤이다. 다시 말해 뉴스에 신경 쓰지 않고 웬만하면 외부 잡음의 영향을 받지 않는 사람들을 위한 전략이다. 그뿐만 아니라 IRA 계좌를 보유한 이들에게도 적합하다.

목표

- 큰 시장에서 거래되는 주식의 롱 포지션만 취한다. 과매도 된 우량 주식을 사고 그 주식이 평균으로 회귀할 때 팔아 이익을 실현한다.
- 하루 30분 미만으로만 매매를 실행한다.
- 장기적으로 상승 추세이고 변동성이 크며 단기적으로는 과매도 된 주식을 대상으로 한다. 우리는 해당 주식의 가격이 과도하게

하락할 때 매수하여 가격이 반등할 때 매도함으로써 지속적인 수
익을 확보하고 승률 60~70%를 노린다.
- 상승장과 보합장일 때 시장을 앞지른다.

믿음

시장이 극도로 비이성적이고 공포에 사로잡힌 행동을 보일 때는
그에 대한 반응으로서 급격한 정반대 움직임이 나타날 확률이 통계
적으로 유의미하게 높아진다.

시장은 공포와 탐욕에 의해 움직인다. 이러한 특성을 이용해 매수
측면에서 이득을 얻으려면 공포의 영향을 크게 받은 후보를 찾을 필
요가 있다. 대부분 인기가 없으며 대량으로 매도된 데다 변동성이
정상 수준보다 더 큰 주식이 이에 해당한다.

이 같은 주식의 공황 매도(panic selling)는 언젠가는 끝나게 마련
이며, 그때가 오면 전문 투자자들이 나서서 싼값에 주식을 매입할
가능성이 크다. 통계적으로 주식을 '공포에 매수'했다가 가격이 회복
하거나 어느 정도 상승할 때 매도하면 수익을 얻을 수 있다.

이러한 유형의 투자는 인간 본성에 어긋난다. 한마디로 다수와 반
대되는 역발상 투자다. 모두가 주식을 내다 팔고 언론이 공포스러운

뉴스를 내보낼 때 주식을 매수하기는 쉽지 않지만 평균회귀 롱 전략은 바로 그렇게 함으로써 수익을 낸다.

우리는 (2~3일 정도의) 단기 투자를 추구하기 때문에 거래 빈도가 높은 주식을 찾아야 한다. 큰 시장에 상장된 광범위한 주식 종목을 검토하고 신속하게 빠져나갈 수 있도록 청산 규칙을 만들어 두면 전략을 실행하는 데 도움이 된다.

거래 대상

(1) 우리는 아멕스(AMEX), 나스닥(NASDAQ), 뉴욕 증권거래소 (NYSE)에 상장된 모든 미국 주식(대략 7,000개 종목)을 매매한다.

(2) 이처럼 큰 시장의 주식 종목을 매매하는 까닭은 거래 빈도가 높은 주식이 필요하기 때문이다(평균회귀 전략에 따른 거래는 단기간에 끝나기 때문에 거래를 자주 해야 쏠쏠한 수익을 얻을 수 있다).

(3) 우리는 ETF, 장외 주식, 비상장 주식은 거래하지 않는다.

(4) 검증을 위해서는 모든 상장 주식뿐만 아니라 상장 폐지 주식까

지 감안해야 한다. 1995년 이후로 해당 목록에는 4만 종목 정도 되는 주식이 포함되어 있다.

필터

(1) 지난 50일 동안의 평균 거래 물량이 최소한 50만 주를 넘는 종목.

(2) 주가가 1달러 이상인 종목.

(3) 거래 금액이 250만 달러 이상인 주식.

(4) 가격이 너무 낮은 주식을 거래하면 거래를 아무리 많이 하더라도 수익이 많지 않아 금액 측면에서 거래를 할 이유가 없어진다.

포지션 규모

(1) 고정 부분 리스크(fixed fractional risk): 2%
   - 주가 변동성을 감안한다는 뜻이다.
   - 주가 변동성이 클수록 포지션 규모를 줄인다. 반대로 주가 변동성이 작을수록 포지션 규모를 늘린다.

(2) 우리는 평균회귀 롱 전략 운용 시에 최대 10개 포지션을 보유한다.

(3) 포지션별 총 주식 가치 대비 리스크는 2%다. 관련 산출치는 다음과 같다.
  - 총자산: 10만 달러
  - 거래별 리스크: 2%
  - 포지션별 주가 리스크: 2,000달러(2% x 10만 달러)
  - 주가 리스크는 진입 가격과 손절매 가격의 차액으로 계산된다.
  - 진입 가격이 20달러이고 손절매 가격이 17달러라면 우리는 주당 3달러의 주가 리스크에 노출된다.
  - 바람직한 포지션 규모를 산출하는 방법은 다음과 같다.
  - 포지션별 주가 리스크가 2,000달러라 치자. 주당 3달러인 셈이다. 이때 우리의 포지션 규모는 666주다(2,000달러÷3달러=666).

우리가 이와 같은 방식으로 포지션 규모를 설정하는 까닭은 포지션별로 입을 수 있는 손실이 총자산 대비 몇 퍼센트인지 정확히 파악하기 위해서다. 그뿐만 아니라 우리는 진입 가격과 손절매 가격의 차액으로 리스크를 정의한다. 우리는 손절매 구간을 넓게 설정하기 때문에 손절매되는 거래는 많지 않다. 손실을 입고 포지션을 청산하더라도 우리의 손실 금액은 대체로 주가 리스크 총액에 못 미친다.

그러나 지금까지 우리는 거래별 리스크를 알아보았을 뿐 전체적인 포지션 규모는 규정하지 않았다. 때로는 예기치 못한 일 때문에 포지선에 구멍이 뚫리기도 한다. 바로 위의 예시에서 우리는 20달러에 진입했고 손절매 가격은 17달러로 지정했지만 밤새 일어난 사건 때문에 우리 주식의 시작 가격이 10달러로 떨어질 가능성도 있다. 그러한 일이 일어나면 미리 지정한 손절매 가격도 무의미해진다. 이처럼 시작 가격이 10달러로 형성되면 우리는 크나큰 손실을 입을 것이다.

더욱이 변동성이 작을 때는 손절매 가격이 걸림돌이 될 수 있다. 손절매 가격은 변동성을 기준으로 하여 정해지기 때문이다. 변동성이 작을수록 손절매 구간도 줄어들며 손절매 구간이 줄어들수록 총 포지션 규모는 커진다.

이 두 가지 문제를 해결하기 위해 우리는 총포지션 규모를 총자산의 일정 비율로 제한한다.
- 최대 규모: 10%
- 해당 예시에서 우리는 666주를 할당받았는데 이는 금액으로 따져 1만 3,320달러이며 총자산 대비 13.32%다.
- 이 비율을 총자산 대비 10%로 조정하면 최종 포지션 규모는 500주다(10만 달러의 10%는 1만 달러이며 이를 진입 가격인 20달러로 나누면 500주가 된다).

두 번째 규칙은 특정한 시기에만 적용된다. 손절매 구간에 따라 다르겠지만 주로 변동성이 작을 때다.

우리는 고정 부분 리스크만 사용할 때는 과거의 변동성을 토대로 포지션 규모를 정한다. 이처럼 변동성을 기준으로 규모를 설정하는 것은 합당한 일이지만 과거의 변동성 데이터를 참고하기 때문에 미래에도 같을지는 알 수 없다. 이는 고정 부분 리스크를 활용할 때의 단점이다. 이 문제를 해결하는 방법은 최첨단 규모 설정 알고리즘 등 여러 가지이지만 여기에서는 포지션을 총자산 대비 일정 비율로 제한하는 간단한 방법만 알아보기로 한다.

진입 규칙

1. 주식의 종가가 150일 단순 이동 평균을 웃돈다.
   - 우리는 오랜 시간에 걸쳐 상승 추세인 주식을 목표로 한다.

2. 7일 평균 방향 지수(average directional index, 이하 ADX)가 45를 웃돈다.
   - ADX는 (단기) 추세의 강도를 측정하는 지표다. ADX가 높을수록 강력한 추세다.
   - 여기에서 우리는 신속하게 얻을 수 있는 단기 수익을 추구한다. 이를 위해서는 움직임이 큰 (ADX가 높은) 주식이 필요하다.

3. (변동성 지표인) ATR%가 10일째 4%를 웃돈다.
   - 주가의 변동성을 감안하려면 반드시 ATR이 아닌 ATR%를 사

용할 필요가 있다.

그렇게 하지 않으면 가격이 높은 주식은 낮은 주식에 비해 ATR 이 훨씬 더 크게 나타날 것이다. 하지만 이는 객관적인 비교가 아니다. 그보다 ATR을 종가의 백분율로 측정하면 모든 주식의 변동성을 객관적으로 비교할 수 있다.

- 비교하자면 S&P 500의 장기적인 ATR%는 1.6%이다. 따라서 우리는 ATR%가 4%보다 클 때 변동성이 큰 주식만 거래해야 한다.

4. 3일 RSI가 30미만이다.
   - RSI는 과매수나 과매도 정도를 측정하는 지표다.
   - RSI가 낮을수록 그 주식은 과매도 된 것이다.
   - 이러한 규칙에 따라 우리는 단기간 내에 과매도 된 주식을 선택한다.

   이는 우리가 공포를 계량화하기 위해 첫 번째로 사용하는 방법이다.

5. 규칙 1~4를 적용할 때 우리가 넣는 주문은 최대 10건이다.

6. 우리는 3일 RSI가 가장 낮은 주식 순(가장 많이 과매도 된 주식)으로 순위를 매긴다.

   순위를 매기는 것이 중요한 까닭은 가장 많이 과매도 된 주식 10개 종목만 선택하기 위해서다. 순위를 매기지 않으면 50~200개에 이르는 주식 중에서 거래 대상을 선택해야 할 수도 있다.

이러한 규칙에 따라 우리는 가장 큰 공포를 불러일으킨 주식을 선택한다.

7. 그다음 날 시장이 열리기 전에 우리는 현재 종가보다 4% 낮은 가격으로 지정가 주문(limit order)을 넣는다.

그 이유는 장중에 주가가 한층 더 하락한다면 더 큰 공포가 존재한다는 뜻이기 때문이다.

 - 이런 식으로 지정가 주문을 하면 수익을 얻을 가능성이 커진다. 공포는 바람직하기 때문이다. 우리는 공포의 대상이 되는 주식을 원한다. 장 초반에 더 낮은 가격에 주식을 매수할수록 우리에게는 크게 유리하다.

8. 장이 마감할 때 우리는 어떤 주문이 체결되었는지 확인한다.

9. 첫날에 손절매를 구사하려면 장중 내내 시장을 주시해야 손절매 가격을 지정할 수 있다. 우리는 하루 30분만 일하고자 하므로 첫날에는 손절매를 구사하지 않는다. 할 수는 있지만 일이 너무 많아지고 우리 목표에도 부합하지 않는다. 게다가 사실상 수익에 아무런 차이도 발생하지 않을 가능성이 크다.

 - 아래 예시에서 보듯이 첫날에 손절매를 활용하든 않든 검증 결과는 거의 동일하다.

청산 규칙

1. 주문이 체결되면 우리는 장이 마감된 후에 손절매 구간을 지정한다. 손절매 구간은 10일 ATR의 2.5배로 잡는다. 이처럼 손절매 구간을 넓게 잡는 까닭은 여유 있는 매매를 위해서다. 평균회귀를 목표로 가격이 하락 중인 주식을 매수할 때는 주가 상승의 여지를 남겨두어야 한다.
   - 손절매 구간을 넓게 잡는 것을 반드시 숙지해야 한다. 손절매 구간을 작게 두고 거래하면 전략이 효과를 발휘하지 못한다. 평균회귀 롱 전략이 성공하려면 주가가 오를 여지를 두고 거래해야 한다.

   물론 손절매 구간을 넓게 잡는 것은 심리적으로 쉽지 않은 일이다. 진입 후에 손실을 내는 포지션이 많기 때문이다.

2. 우리는 다음 조건이 하나라도 충족될 때까지 거래를 유지한다.
   a. 손절매: 주가가 손절매 구간에 이르면 포지션을 청산한다.
   b. 목표 수익: 포지션이 3% 이상의 수익을 내면 그다음 날 시장이 열리자마자 청산한다.
   c. 시간 기준 청산: a나 b가 일어나지 않은 채 4일이 지나면 우리는 마감 직전에 시장에서 빠져나온다.

마감 잔고	7,657,816.66
CAGR%	21.92%
총 주식 자산 대비 최대 드로다운	19.9%
최장 드로다운 기간	13.6
평균 수익 비율	69.6%
평균 손익 비율	0.7
평균 거래일	2.52
R^2	0.96
R^3	2.59
궤양지수	2.89

1995년 1월 2일 ~ 2016년 11월 23일	매매 시스템	기준 지표
CAGR	21.92%	7.48%
최대 드로다운	19.93%	56.47%
최저 월간 수익률	-8.52%	-16.52%
최저 일간 수익률	-6.29%	-9.84%
연평균 변동성	10.08%	19.31%
평균 익스포저	10.35%	100.00%
샤프 지수	2.18	0.39
MAR	1.10	0.13
기준 지표 대비 일간 수익률의 상관도	0.31	1.00
1년간 누적 수익률	19.92%	8.26%
월간 누적 수익률	5.08%	3.83%
총 수익률	7557.82%	385.05%

이제 앞의 도표에서 사용된 통계 수치에 대해 알아보자.

R^2는 0부터 1까지 주식 곡선의 경사도를 표시한다. 따라서 R^2가 0.96이면 아주 바람직한 것이다.

R^3은 CAGR, 최대 드로다운, 드로다운 기간의 상관관계를 나타내는 척도다. R^3이 높을수록 바람직하다.

궤양 지수는 당신이 주식매매를 하면서 얼마만큼 자주 궤양을 앓을 가능성이 있는지 보여주는 척도로서 당연히 낮을수록 바람직하다. 주식매매 업계에서 궤양 지수가 2.92이면 매우 낮은 것으로 간주된다. 드로다운의 규모와 기간을 감안하여 측정된다.

보다시피 평균회귀 롱 전략은 CAGR이 높고 드로다운도 적당하지만 주간 회전 전략과는 달리 승률이 매우 높다. 아주 짧은 기간 내에 3%의 수익 달성을 목표로 하기 때문에 손실 처리를 부담스러워하고 승률이 낮은 전략을 선호하지 않는 사람에게 적합하다. 거래 중 상당수가 3% 수익을 달성하며 수익을 내고 청산된다. 평균회귀 전략은 높은 승률을 선호하는 사람에게 적합하다.

그뿐만 아니라 평균 익스포저가 10%로 매우 낮다. 자산을 100% 투자하더라도 전반적으로 리스크에 노출되는 금액이 미미하다. 우리는 적절한 시기에만 거래한다.

 보다시피 평균회귀 롱 전략은 기준 지표와 그 어떤 상관관계가 없으면서도 모든 면에서 기준 지표를 크게 앞선다.

 1995년부터 투자한 사람이라면 해당 전략을 구사함으로써 10만 달러를 700만 달러 이상으로 불릴 수 있었을 것이다.

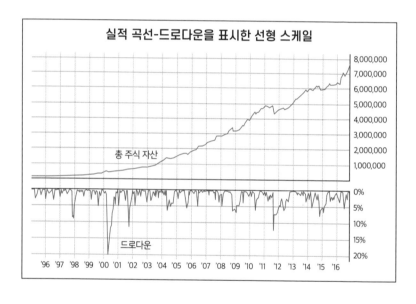

 위의 그래프는 주식의 실적 곡선과 드로다운을 동시에 보여준다. 평균회귀 롱 전략을 구사하면 드로다운이 일어나는 것이 일반적이다. 그러나 수익으로 드로다운이 상쇄된다.

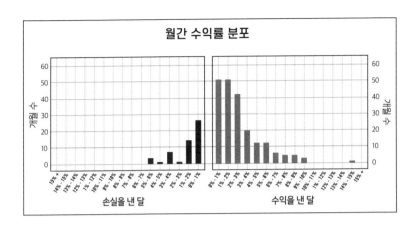

월간 수익률 분포

개월 수

손실을 낸 달

수익을 낸 달

가장 대대적인 드로다운이 일어난 2000년 이전만 해도 상당한 수익이 발생했다. 드로다운이 일어난 까닭은 미실현 수익이 컸기 때문이다. 예상된 일이었던 만큼 드로다운을 감당하기도 한층 용이했다.

수익이 마이너스인 해가 한 해에 불과했다. 평균회귀 전략으로는 변동성이 클수록 매매가 잦아진다. 따라서 수익률이 그저 그런 연도는 낮은 변동성의 결과물이다.

보다시피 붉은색으로 표시된 달(수익을 내는 달)이 검은색으로 표시된 달(손실을 내는 달)보다 훨씬 더 많다.

지난 2년에 걸쳐 실적이 신통찮았던 까닭은 낮은 변동성 때문이다. 2016년에는 실적이 개선되었다.

앞에서 설명했듯이 평균회귀 전략으로는 변동성이 클수록 매매 체결도 증가한다. 시장에 충분한 변동성이 없을 때는 셋업(setup, 일정 조건이 충족될 때 실행되는 가거래-역주)이 많이 설정되지 않으며 매매 빈도가 크게 줄어든다. 그러나 변동성이 반등하는 순간 평균회귀 전략은 과거에 고변동성 환경에서 그러했듯이 뛰어난 성과를 낼 것이다.

	1월	2월	3월	4월	5월	6월	7월	8월	9월	10월	11월	12월	연간	SPY	SPY 비교
1995	1.10%	0.74%	-0.26%	-0.86%	1.42%	2.37%	2.05%	-0.37%	2.80%	7.05%	1.68%	0.91%	20.06%	35.16%	-15.11%
1996	0.61%	1.93%	-0.12%	-0.15%	-0.07%	10.27%	1.00%	1.72%	1.30%	1.94%	0.92%	1.70%	22.71%	20.31%	2.40%
1997	0.66%	1.61%	1.51%	0.85%	1.89%	-0.58%	1.50%	2.00%	3.68%	-5.11%	0.67%	3.53%	12.61%	31.39%	-18.78%
1998	2.39%	1.67%	2.36%	3.88%	1.61%	1.59%	0.73%	1.05%	2.32%	1.35%	1.65%	8.54%	33.06%	27.04%	6.01%
1999	7.91%	2.15%	9.33%	7.27%	4.43%	4.47%	0.76%	0.16%	3.68%	5.17%	9.15%	10.79%	87.68%	19.11%	68.57%
2000	8.04%	5.42%	-8.52%	-6.03%	1.30%	2.42%	5.60%	1.51%	3.35%	2.78%	0.13%	2.53%	18.74%	-10.68%	29.42%
2001	5.24%	1.96%	3.52%	0.55%	3.14%	2.98%	3.74%	3.38%	-5.73%	1.38%	1.97%	1.91%	26.37%	-12.87%	39.24%
2002	3.33%	-3.35%	5.38%	2.70%	1.20%	9.17%	1.44%	1.51%	0.78%	0.14%	0.46%	1.33%	26.32%	-22.81%	49.13%
2003	4.57%	1.64%	-3.28%	3.16%	4.29%	4.08%	4.68%	5.21%	0.38%	5.56%	9.41%	5.51%	53.57%	26.12%	27.45%
2004	3.85%	7.49%	0.57%	-4.53%	3.56%	0.64%	-0.73%	-0.37%	0.19%	5.09%	3.31%	1.53%	22.02%	8.94%	13.08%
2005	4.91%	2.20%	2.47%	2.24%	1.16%	0.50%	-2.35%	-1.53%	1.30%	7.01%	1.86%	5.57%	27.99%	3.01%	24.98%
2006	0.90%	0.38%	2.36%	4.52%	3.58%	2.03%	2.09%	0.42%	0.51%	2.63%	-0.29%	0.45%	21.30%	13.74%	7.56%
2007	4.19%	0.35%	3.02%	1.60%	2.10%	-0.09%	3.49%	6.49%	0.68%	2.25%	-1.18%	0.60%	25.91%	3.24%	22.67%
2008	-0.56%	-0.06%	1.19%	1.70%	2.36%	-0.22%	8.18%	0.58%	3.35%	-5.65%	0.03%	0.03%	10.89%	-38.28%	49.17%
2009	1.03%	0.01%	0.31%	2.09%	5.43%	2.63%	-0.13%	4.75%	4.03%	-0.75%	0.81%	4.29%	27.14%	23.49%	3.65%
2010	-1.78%	7.16%	2.02%	1.01%	-0.17%	0.84%	0.77%	2.57%	1.68%	0.55%	-0.15%	2.27%	17.80%	12.84%	4.96%
2011	0.87%	-0.02%	-1.39%	0.31%	1.01%	-0.38%	0.63%	-6.61%	-0.33%	0.45%	0.02%	2.47%	-3.20%	-0.20%	-3.00%
2012	-0.62%	2.95%	-0.45%	-2.92%	0.46%	2.31%	0.69%	0.57%	2.22%	0.59%	2.29%	1.75%	10.12%	13.47%	-3.35%
2013	2.28%	2.49%	-1.14%	2.91%	0.97%	1.73%	2.24%	1.10%	3.32%	-2.76%	1.25%	0.91%	16.21%	29.69%	-13.48%
2014	0.12%	1.69%	-1.82%	0.05%	0.91%	2.78%	-0.75%	1.04%	-0.49%	-3.59%	-0.07%	0.94%	0.65%	11.29%	-10.64%
2015	-0.53%	1.45%	2.78%	-0.18%	2.87%	-1.11%	-0.01%	-0.72%	-0.55%	1.05%	0.30%	1.75%	7.22%	-0.81%	8.03%
2016	-1.60%	-0.72%	8.61%	0.15%	3.38%	-2.24%	2.58%	-1.69%	4.88%	0.47%	5.08%		19.92%	8.26%	11.67%

예시 1.

진입: 26.64에 매수   최초 손절매 가격: 23.91

청산: 이틀 후 시장 개시 직후 (슬리피지(slippage, 원하는 가격에 주
　　　문이 체결되지 않는 경우-역주) 포함)

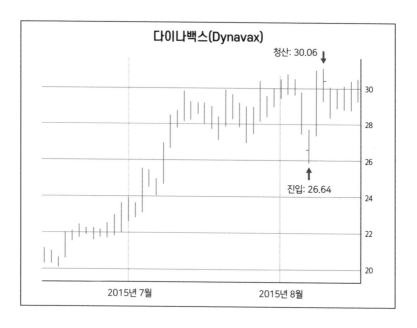

위의 그래프를 보면 명확한 상승 추세가 한동안 이어지다가 우리
가 진입하기 전에 엄청난 공포가 형성된 것을 알 수 있다. 우리는 공
포를 바람직한 것으로 간주하기 때문에 잠깐 동안 되돌림 현상이 나
타날 때-큰 공포가 존재할 때 매수한다. 손절매 구간을 넓게 설정했
으나 주가는 그 구간까지 떨어지지 않았으며 우리는 그다음 날 쏠쏠
한 수익을 내고 청산했다. 목표 수익에 도달하고 나서 빠져나왔다.

예시 2

진입: 3.21에 매수

손절매 가격: 2.29 (그래프상에 나타나지 않음)

청산: 이틀 후 시장 개시 직후. 슬리피지 포함하여 3.57에 청산

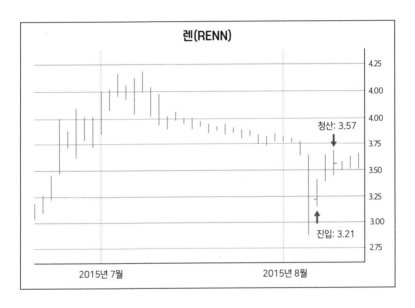

위의 그래프 역시 엄청난 상승 추세를 탔다가 공포가 개입되자 되돌림 현상을 보인 주식의 곡선이다. 되돌림이 나타날 때가 우리가 나설 때다. 우리의 자동매매 전략에 따르면 모든 사람이 공포를 느낄 때 주식을 매수해야 한다. 그 같은 시점에 주식을 사들이기란 쉽지 않은 일이다. 십중팔구는 부정적인 대형 사건이 터졌을 때다. 사람들은 악재 소식에 투매를 하지 않고는 못 배긴다. 그렇게 되면 우

리가 유리해진다. 우리는 공포를 몹시 좋아하기 때문이다. 공포가 클수록 수익 가능성도 커진다.

예시 3 (손실을 낸 사례)

진입: 7.25에 매수

손절매 가격: 6.60

청산: 4일 후 시간 기준 청산(time exit)으로 마감 직전 6.94에 청산.

우리는 이때도 같은 길을 택했다. 상승 추세이다가 공포 때문에 원래 추세로 돌아간 주식을 선택한 것이다. 차이점이라면 해당 주식이 목표 수익에 도달하지도, 손절매되지도 못했다는 점이다. 나흘 후에 우리는 (기간 손절매[time stop]를 통해) 손실을 인정하고 주식을 팔았다. 그대로 유지했다면 더 많은 손실을 입었을 것이다. 우리가 항상 기간 기준 손절매를 설정하는 이유도 그 때문이다. 기간 손절매를 설정하면 계속 보유하기에 적합하지 않은 주식을 가려낼 수 있으므로 더 좋은 기회를 노려볼 수 있다.

예시 4

진입: 29.82에 매수

최초 손절매 가격: 27.74

청산: 목표 수익에 도달하고 나서 세 번째 장이 개시한 직후

이번에도 같은 이야기가 되풀이된다. 우리는 상승 추세를 탄 주식이 공포 때문에 하락했을 때 매수하여 손절매 구간을 넓게 설정했고 얼마 후에 해당 주식이 급등했다. 그리고는 다음 날 시장 개시 직후에 청산했다.

요약

앞선 예시에서 알 수 있듯이 평균회귀 롱 전략은 단순하다.

1. 상승 추세인 주식을 찾으라.
2. 변동성이 큰 주식을 찾으라.
3. 해당 주식이 공포 때문에 되돌림 현상을 보일 때 우리는 그다음 날 더 떨어진 가격에 매수한다.
4. 적은 목표 수익을 얻으면 빠져나온다. 가격 손절매와 기간 손절 매를 지정한다.

평균회귀 롱 전략으로 수익을 내는 비결은 매매 횟수를 늘리는 것이다. 거래 당 평균 수익이 그리 크지 않으므로 전반적으로 큰 수익을 내려면 매매가 잦아야 한다.

제10장

평균회귀 쇼트 전략

- 시장 상황이 나쁠 때 수익을 내는 전략

사람들은 대부분 공매도(short selling)에 관여하고 싶어 하지 않는다. 공매도가 낯설게 느껴지기 때문이다. 그러나 공매도는 시장에서 수익을 획득하기에 매우 적합한 수단이다. 대세를 거스르는 역추세 매매에 익숙하고 뉴스를 손쉽게 무시해버릴 수 있으면서도 평균회귀 롱 전략과는 다른 전략을 원하는 사람에게 딱 맞는 전략이기도 하다.

평균회귀 쇼트 전략은 시장이 하락할 때 수익을 내도록 설계된다. 무엇보다도 이러한 특성은 평균회귀 롱 전략이나 주간 회전 전략과 조합될 때 가장 큰 강점으로 작용한다. 평균회귀 쇼트 전략으로 매매하기에 가장 적절한 방법은 위의 두 전략과 조합하는 것이다. 제5부에서 자세히 다루겠지만 이 세 가지 전략은 완벽한 조화를 이룬다.

쇼트(공매도) 전략은 롱 전략에 비해 다소 안정성이 떨어진다. 그 까닭은 공매도할 주식이 상대적으로 부족하며 정부가 공매도를 금지할 때가 종종 있기 때문이다. 예를 들어 시장이 공황에 빠질 때 정부가 나서서 "당분간 주식 공매도를 허용하지 않겠다."고 말하곤 한다. 충분히 일어날 수 있는 일이니 반드시 염두에 두어야 한다.

더욱이 주식 중개인이 공매도할 주식을 확보한다는 보장도 없다.

물론 크게 걱정할 문제는 아니다. 지난 5년 동안 내 공매도 주식 가운데 실행된 비율이 96%를 웃돌기 때문이다. 그러나 위와 같은 문제가 발생할 수 있다는 점은 반드시 숙지해야 한다.

목표

- 큰 시장에서 거래되는 주식만 공매도로 거래한다. 과매수 된 우량 주식을 공매도하고 그 가격이 평균으로 회귀할 때 되사들임으로써 수익을 얻는다.
- 하루에 30분 미만으로만 거래한다.
- 변동성이 크며 단기간 내에 과매수 된 주식을 노린다. 이러한 주식을 공매도하는 전략으로 우리는 하락장과 보합장에서도 좋은 실적을 낼 수 있다.
- 하락장에서도 기준 지표를 앞지르는 성과를 낸다.

믿음

평균회귀 쇼트 전략은 평균회귀 롱 전략과 비슷하지만 과매도 대신에 과매수 된 상황을 찾아야 한다는 차이점이 있다. 평균회귀 롱 전략의 경우에는 단기간의 공포가 존재할 때 주식을 샀지만 이제는 단기간의 탐욕이 나타날 때 팔아야 한다.

통계적으로 시장이 비이성적이고 공포와 탐욕에 이끌린 행동을 보일 때는 정반대 방향의 반응이 나타날 가능성이 평소보다 더 크다.

시장은 공포와 탐욕을 원동력으로 삼는다. 공매도를 통해 수익을 얻으려면 우리는 탐욕을 원동력으로 하는 상황을 찾아야 한다. 이같은 조건에 부합하는 주식은 고공 행진을 거듭하며 대체로 아마추어들이 선호하여 막 매수에 나선 주식이다. 이러한 주식에는 대개 큰 변동성이 동반된다.

그러다 보면 전문 트레이더들이 수익을 취하기 시작하는 때가 찾아온다. 통계적으로 탐욕의 대상이 되는 주식을 팔고 그 가격이 평균으로 회귀하거나 다소 하락하는 움직임을 보일 때 되사들이면 수익 가능성이 발생한다.

이는 인간 본성에 반하며 다수와 반대 방향으로 나아가는 역추세

매매 기법이다. 모두가 주식 매수에 열을 올리거나 공포를 자아내는 뉴스가 만연할 때 주식을 파는 것은 쉬운 일이 아니지만 평균회귀 쇼트 전략으로 수익을 내려면 바로 그렇게 해야 한다.

우리는 (2~3일 동안의) 단기 거래를 추구하므로 매매 빈도가 높은 주식을 찾아야 한다. 큰 시장에 상장된 광범위한 주식 종목을 검토하고 필요할 때 신속하게 빠져나갈 수 있도록 청산 규칙을 만들어 두면 전략을 실행하는 데 도움이 된다.

거래 대상(평균회귀 롱 전략과 동일)

- 우리는 아멕스(AMEX), 나스닥(NASDAQ), 뉴욕 증권거래소 (NYSE)에 상장된 모든 미국 주식을 매매한다.
- ETF, 장외 주식, 비상장 주식은 거래하지 않는다.
- 검증을 위해서는 모든 상장 주식뿐만 아니라 상장 폐지 주식까지 감안해야 한다. 1995년 이후로 해당 목록에는 4만 종목 정도 되는 주식이 포함되어 있다.

필터

- 지난 20일 동안의 평균 거래 물량이 50만 주 이상인 종목.
- 주가가 10달러 이상인 종목.

포지션 규모

- 고정 부분 리스크(fixed fractional risk): 2%
- 최대 규모: 총자산의 10%

진입 규칙

사실상 평균회귀 롱 전략과 동일하다. 가장 큰 차이는 단순 이동 평균 필터를 사용하지 않는다는 점이다. 그렇게 해야 평균회귀 쇼트 전략은 롱 전략을 보완할 수 있으며 두 전략이 조화를 이루게 된다. 일반적으로 롱 전략은 시장이 상승 추세를 타다가 하락 추세로 돌아설 때 손실을 내기 시작하는데, 쇼트 전략과 롱 전략을 조합하면 손실을 방지할 수 있다.

1. 7일 ADX가 50보다 크다.
2. 지난 10일 동안의 ATR%가 5%를 상회한다.
3. 지난 이틀 동안 주가가 상승했다.
4. 3일 RSI가 85를 웃돈다.
   - 4번 규칙과 3번 규칙을 결합하면 우리에게 필요한 주식의 탐욕 지수를 측정할 수 있다. 영화 〈월스트리트(Wall Street)〉의 주인공인 고든 게코(Gordon Gecko, 1980년대에 월가의 기업 사냥꾼으로서 대규모 불법 주식 거래에 관여한 이반 보스키를 바탕으로 한 인물-역주)는 "탐욕은 좋은 것"이라고 말했다. 사람

들이 주식을 팔아치우는 때는 반드시 온다. 그리고 그때가 바로 우리가 수익을 얻을 때다.

5. 규칙 1~4를 적용할 때 우리가 넣는 주문은 최대 10건이다.

6. 우리는 3일 RSI가 가장 높은 주식 순으로 순위를 매긴다.

   - 가장 많이 과매수 된 주식에 가장 많은 탐욕이 존재한다.

7. 그다음 날 시장이 열리기 전에 우리는 현재 종가와 동일한 가격으로 지정가 주문을 넣는다.

8. 장이 마감할 때 어떤 주문이 체결되었는지 확인한다.

9. 앞서 예시를 통해 살펴보았듯이 거래 첫날에 손절매를 구사하려면 장중 내내 시장을 주시해야 손절매 가격을 지정할 수 있다. 우리는 하루 30분 이상 일하기를 원하지 않으므로 매매가 이루어지는 날에는 손절매 구간을 지정하지 않는다.

   - 검증 결과를 보면 첫날에 손절매를 활용하든 않든 결과가 비슷하다.

청산 규칙

1. 주문이 체결되면 우리는 장이 마감된 후에 손절매 구간을 지정한다. 손절매 구간은 진입 가격보다 높아야 하며 10일 ATR의 2.5배로 잡는다. 이처럼 손절매 구간을 넓게 잡는 까닭은 빠른 속도로 오르는 주식을 팔기 위해서다. 또한 평균회귀 전략을 활용한 거래에서는 주가 상승의 여지를 남겨두어야 한다.

2. 우리는 다음 조건이 하나라도 충족될 때까지 거래를 유지한다.

a. 손절매: 주가가 손절매 구간에 이르면 포지션을 청산한다.

b. 목표 수익: 포지션이 4% 이상의 수익을 내면 그다음 날 시장이 열리자마자 청산한다.

c. 시간 기준 청산: a나 b가 일어나지 않은 채 이틀이 지나면 우리는 마감 직전에 시장에서 빠져나온다.

마감 잔고	3,602,653.94
CAGR%	17.79%
총 주식 자산 대비 최대 드로다운	15.3%
최장 드로다운 기간	14.3
평균 수익 비율	62.6%
평균 손익 비율	0.8
평균 거래 일수	1.70
R^2	0.94
R^3	1.72
궤양지수	2.78

1995년 1월 2일 ~ 2016년 11월 23일	매매 시스템	기준 지표
CAGR	17.79%	7.48%
최대 드로다운	15.33%	56.47%
최저 월간 수익률	−7.34%	−16.52%
최저 일간 수익률	−6.25%	−9.84%
연평균 변동성	11.50%	19.31%
샤프 지수	1.55	0.39
MAR	1.16	0.13
기준 지표 대비 일간 수익률의 상관도	−0.24	1.00
1년간 누적 수익률	15.69%	8.26%
월간 누적 수익률	4.75%	3.83%
총 수익률	3502.65%	385.05%

여기에서 우리는 높은 승률, 낮은 익스포저, 짧은 거래 기간, 낮은 궤양 지수 등 평균회귀 롱 전략과 동일한 특성을 확인할 수 있다. 보다시피 그 성과는 놀랍다.

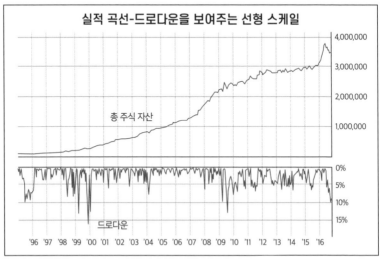

다시 한번 평균회귀 롱 전략과 평균회귀 쇼트 전략을 비교해보면 이 둘이 서로를 완벽하게 보완해주는 전략임을 알 수 있다. 보다시피 쇼트 전략은 (2000~2002년이나 2008년 같은) 하락장에서 효과를 발휘한다. (2012~2013년과 같이)지지부진한 시장에서는 롱 전략이 훌륭한 성과를 거두었다.

	1월	2월	3월	4월	5월	6월	7월	8월	9월	10월	11월	12월	연간	SPY	SPY 비교
1995	0.32%	2.19%	-1.06%	0.96%	-1.19%	-1.37%	-5.14%	0.27%	2.19%	0.10%	-1.81%	0.10%	-4.56%	35.16%	-39.73%
1996	1.93%	2.75%	3.38%	9.14%	1.92%	1.10%	1.35%	1.60%	1.28%	-2.01%	1.93%	0.96%	28.06%	20.31%	7.74%
1997	4.91%	0.89%	1.91%	-1.05%	3.53%	-0.05%	2.75%	3.43%	0.85%	4.93%	0.66%	-0.39%	24.55%	31.39%	-6.84%
1998	3.92%	3.16%	5.33%	9.98%	2.95%	-5.50%	2.45%	1.52%	2.84%	-2.44%	9.12%	-4.75%	31.05%	27.04%	4.01%
1999	4.84%	2.48%	2.09%	-4.29%	10.80%	2.58%	8.43%	5.81%	5.76%	-3.98%	1.39%	-6.90%	31.23%	19.11%	12.12%
2000	3.82%	0.89%	6.42%	4.84%	2.27%	6.45%	6.87%	-0.07%	5.21%	4.98%	0.43%	-0.99%	49.22%	-10.68%	59.90%
2001	2.47%	7.70%	2.39%	-1.69%	4.91%	4.73%	3.77%	0.64%	1.80%	5.70%	3.17%	-0.56%	40.72%	-12.87%	53.59%
2002	2.48%	1.76%	0.46%	0.41%	0.88%	0.48%	0.39%	4.68%	0.14%	0.03%	0.69%	3.07%	16.50%	-22.81%	39.30%
2003	0.01%	-0.80%	0.46%	1.42%	-0.43%	10.47%	8.21%	-0.97%	2.83%	6.07%	-0.41%	1.58%	31.46%	26.12%	5.34%
2004	-0.61%	-4.11%	0.66%	7.47%	0.03%	-0.26%	3.30%	1.60%	1.44%	1.33%	-0.61%	-0.84%	9.38%	8.94%	0.44%
2005	0.41%	3.13%	2.29%	-0.29%	0.07%	3.32%	0.14%	1.98%	2.04%	5.43%	0.84%	-0.56%	20.30%	3.01%	17.28%
2006	1.16%	1.73%	0.29%	4.31%	0.75%	0.29%	0.69%	0.15%	0.55%	-0.59%	3.48%	1.89%	15.60%	13.74%	1.86%
2007	1.43%	2.38%	1.07%	2.00%	-0.03%	1.21%	3.42%	6.90%	0.82%	1.21%	3.78%	3.87%	31.72%	3.24%	28.48%
2008	1.32%	4.71%	1.79%	0.05%	5.57%	1.21%	0.12%	3.74%	5.37%	-1.25	0.82%	2.76%	29.27%	-38.28%	67.55%
2009	1.62%	1.48%	-4.48%	3.87%	7.93%	3.01%	-7.34%	0.53%	4.67%	0.97%	-2.12%	-1.60%	7.87%	23.49%	-15.62%
2010	1.42%	0.86%	-1.78%	2.58%	1.22%	0.71%	-0.40%	0.85%	-1.25%	-0.73%	1.33%	1.88%	6.80%	12.84%	-6.05%
2011	2.05%	1.18%	1.66%	-1.05%	-2.06%	1.29%	1.16%	-0.08%	5.46%	2.15%	2.32%	-0.21%	11.92%	-0.20%	12.12%
2012	-3.24%	2.24%	-0.32%	2.87%	-0.22%	0.74%	0.10%	-2.93%	0.25%	-1.18%	0.54%	0.02%	-1.49%	13.47%	14.97%
2013	-0.44%	1.99%	1.91%	-1.37%	-1.12%	1.03%	-2.92%	4.84%	-3.16%	1.82%	0.58%	-2.38%	0.48%	26.69%	29.21%
2014	2.97%	-2.67%	2.42%	0.06%	0.84%	-0.11%	1.39%	-0.19%	-1.18%	0.26%	1.20%	1.88%	6.94%	11.29%	-4.35%
2015	0.07%	1.90%	3.15%	-2.96%	-1.27%	0.07%	-0.37%	1.99%	1.04%	0.35%	1.88%	2.69%	4.95%	-0.81%	5.46%
2016	0.98%	3.54%	4.68%	2.95%	4.55%	0.47%	-2.01%	-2.45%	-2.58%	0.22%	4.75%		15.69%	8.26%	7.43%

예시 1

진입: 15달러에 공매도

최초 손절매 가격: 17.27달러

청산: 14.31달러

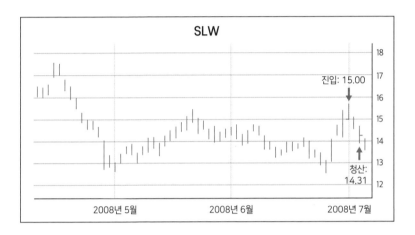

이야기는 간단하다. 우리는 엄청난 탐욕을 확인하고는 손절매 구간을 넓게 설정한 채로 공매도하여 단기간 내에 수익을 얻었다. 상당한 수익이었다.

예시 2

진입: 63.50달러에 공매도

최초 손절매 가격: 81.12달러(그래프에 나타나지 않음)

청산: 그다음 날 57.91달러

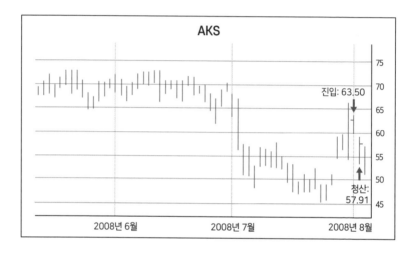

이야기는 간단하다. 우리는 엄청난 탐욕을 확인하고는 손절매 구간을 넓게 설정한 채로 공매도하여 단기간 내에 수익을 얻었다. 상당한 수익이었다.

예시 3

진입: 35.02달러에 공매도

최초 손절매 가격: 40.05달러

청산: 37.37달러

  해당 거래는 손실로 마감되었지만 보다시피 우리는 손절매 가격 근처에는 가지도 않았다. 포지션은 기간 손절매로 청산되었다.

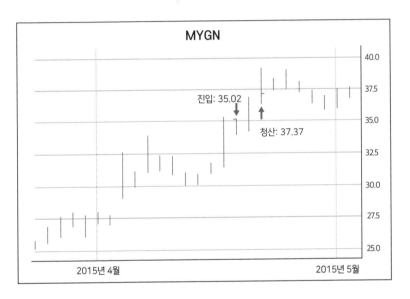

  우리는 이때도 엄청난 탐욕이 발생했을 때 팔았지만 지나고 보니 그때는 탐욕이 정점에 달하기 전이었다. 어쨌든 기간 손절매가 우리를 살렸다.

예시 4

진입: 12.22달러에 공매도

손절매 가격: 14.84 (그래프에는 나타나지 않음)

청산: 10.79달러

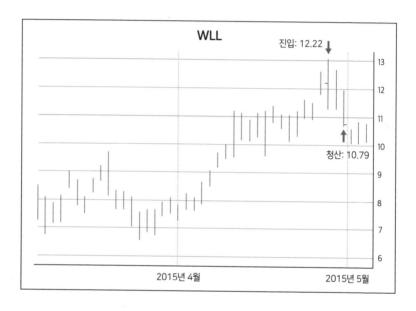

이 역시 탐욕에 팔아서 수익을 얻은 사례다.

제5부

전략 조합의
기하급수적 마법

제11장

주간 회전+평균회귀 쇼트

- 큰 드로다운이 없는 추세추종 전략

추세추종을 선호하지만 그에 따라 오는 대규모 드로다운을 감당할
수 없는 사람에게 적합한 전략이다.

여러 개의 롱 포지션에 단기 평균회귀 전략을 적용하는 것이 이
전략의 골자다. 이렇게 하면 드로다운을 줄일 수 있다. 추세추종만
으로 거래했을 때 발생한 드로다운은 30%였다. 그러나 단기 평균
회귀 전략을 적용하자 드로다운은 23%로 떨어졌다. 그뿐만 아니라
CAGR이 19%에서 26%로 상승했다.

우리는 두 가지 방향(롱과 쇼트)에 두 가지 방식(추세추종과 평균
회귀)를 결합하여 사용하고 있다.

다음 표는 한 가지 전략만 사용했을 때와 두 가지 전략을 결합했을 때를 비교한 결과다.

전략	CAGR	최대 드로다운	총 수익률	몇 달 동안의 최대 드로다운	샤프 지수	변동성
주간 회전 롱	19.71%	30%	4908%	38	0.96	20.54%
평균회귀 쇼트	17.79%	15%	3502%	14	1.55	11.47%
주간 회전 + 평균회귀 쇼트	26.32%	23%	16,545%	16	1.41	18.61%

보다시피 두 가지가 결합될 때 놀랄 만큼 훌륭한 성과를 낸다. 평균회귀 쇼트 전략에 주간 회전 전략을 추가함으로써 CAGR은 7% 가까이 상승한 반면에 최대 드로다운은 7% 하락했고 그 기간도 38개월에서 16개월로 단축되었다. 엄청난 개선이다.

마감 잔고	16,644,425.74
CAGR%	26.32%
총 주식 자산 대비 최대 드로다운	23.6%
최장 드로다운 기간	15.6%
평균 수익 비율	60.6%
평균 손익 비율	1.1
수익이 난 개월의 비율	68.82%
R^2	0.96
R^3	1.32
궤양지수	6.10

1995년 1월 2일 - 2016년 11월 23일	매매 시스템	기준 지표
CAGR	26.32%	7.48%
최대 드로다운	23.62%	56.47%
최저 월간 수익률	-11.38%	-16.52%
최저 일간 수익률	-7.68%	-9.84%
연평균 변동성	18.60%	19.31%
샤프 지수	1.41	0.39
MAR	1.11	0.13
기준 지표 대비 일간 수익률의 상관도	0.41	1.00
1년간 누적 수익률	13.39%	8.26%
월간 누적 수익률	8.58%	3.83%
총 수익률	16,545.60%	385.05%

이 전략은 기준 지표를 쉽사리 앞지른다. 전략을 단독으로 활용할 때에 비해 드로다운 기간이 단축되고 그 규모도 줄어든다. 승률(평균 수익 비율)은 평균회귀 롱과 쇼트 전략을 조합할 때보다 당연히 낮아진다. 본래 추세추종 전략은 다른 전략에 비해 평균 수익 비율이 낮지만 평균 손익 비율은 훨씬 더 크다.

가장 중요한 점은 이 전략은 기준 지표와의 연관성이 작으며 기준 지표를 큰 폭으로 앞선다는 사실이다.

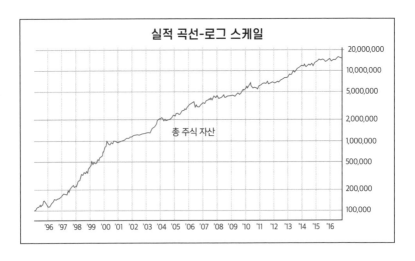

이번에도 어느 한 전략의 실적이 하락하면 다른 전략의 실적이 상승한다. 하락장이 지속되었고 추세추종 전략이 이렇다 할 실적을 내지 못하던 2000~2003년에 두 가지를 조합한 전략은 지속적으로 수익을 냈다.

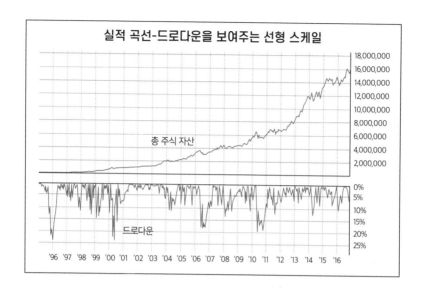

실적 곡선-드로다운을 보여주는 선형 스케일

총 주식 자산

드로다운

보다시피 급격한 드로다운이 몇 차례 존재한다. 이러한 일은 장기 추세추종 전략으로 큰 수익이 난 직후에 발생한다. 추세추종 전략으로 상당한 수익을 얻었으니 그 대가로 비용을 치르는 셈이다. 그러나 전략을 조합하면 추세추종 전략만으로 거래할 때보다 드로다운이 크게 줄어든다.

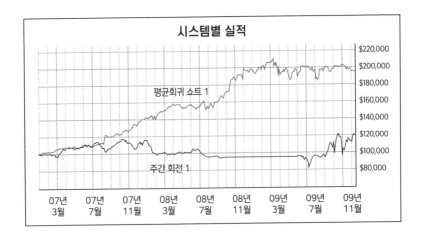

시스템별 실적

평균회귀 쇼트 1

주간 회전 1

$220,000
$200,000
$180,000
$160,000
$140,000
$120,000
$100,000
$80,000

07년 3월 / 07년 7월 / 07년 11월 / 08년 3월 / 08년 7월 / 08년 11월 / 09년 3월 / 09년 7월 / 09년 11월

어느 한 전략이 지지부진하면 다른 전략이 수익을 낸다. 2008년에 주간 회전 전략은 손실을 내다가 그 상태에서 정체되었지만 평균회귀 쇼트 전략은 큰 수익을 냈다. 반면에 2012년 이후로 평균회귀 쇼트 전략은 이렇다 할 성과를 보이지 않았지만 주간 회전 전략은 고공 행진을 이어갔다. 주간 회전 전략은 2015년부터 되돌림 현상을 보이기 시작한 반면에 평균회귀 쇼트 전략은 다시 수익을 내기 시작했다. 이 두 가지 전략은 서로를 완벽하게 보완한다.

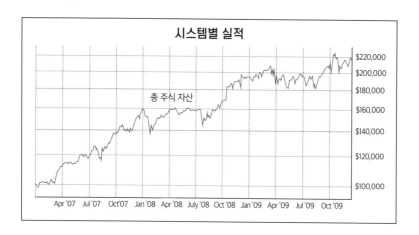

시스템별 실적

총 주식 자산

$220,000
$200,000
$180,000
$160,000
$140,000
$120,000
$100,000

Apr '07 Jul '07 Oct'07 Jan '08 Apr '08 July '08 Oct '08 Jan '09 Apr '09 Jul '09 Oct '09

두 가지가 조합된 전략은 1999년에 100% 넘는 수익을 냈다! 그리고 예상대로 얼마 후 (추세추종 전략의 대가로서) 그 수익의 일부를 잃었지만 롱 포지션에만 투자했을 때에 비하면 손실은 미미했다.

주가지수가 폭락한 2008년에 이 전략은 소폭의 손실을 냈지만 기준 지표를 크게 앞질렀다.

장기 추세추종과 단기 평균회귀 전략을 결합함으로써 우리는 상승장, 하락장, 보합장에서 수익을 낸다. 한마디로 모든 유형의 시장에서 돈을 벌고 있다.

주간 회전 전략과 평균회귀 쇼트가 조합된 이 전략은 상승장에서 큰 수익을 얻고 싶지만 시장이 하락하더라도 손실을 최소화하고 싶은 사람에게 적합하다. 정말 기막힌 조합이다.

	1월	2월	3월	4월	5월	6월	7월	8월	9월	10월	11월	12월	연간	SPY	SPY 비교
1995	1.95%	7.43%	0.84%	2.35%	0.75%	5.36%	2.23%	5.63%	3.29%	-3.80%	-9.51%	-5.75%	9.82%	35.16%	-25.34%
1996	4.01%	4.95%	2.49%	10.60%	3.93%	1.17%	-0.40%	4.32%	0.39%	-0.36%	4.67%	0.47%	42.18%	20.31%	21.87%
1997	13.51%	-4.73%	-1.32%	3.44%	7.56%	-0.45%	14.10%	1.86%	4.95%	-4.47%	2.10%	-1.52%	38.50%	31.39%	7.11%
1998	9.46%	12.28%	2.18%	15.45%	2.45%	2.16%	5.05%	-5.59%	15.47%	-1.44%	3.30%	6.55%	88.51%	27.04%	61.46%
1999	23.63%	-9.73%	8.62%	-6.04%	2.61	7.64%	5.28%	7.49%	0.35%	4.69%	11.52%	20.65%	101.20%	19.11%	82.10%
2000	-5.52%	25.89%	-1.73%	-2.56%	-11.31%	10.15%	-1.59%	14.13%	-3.82%	-3.52%	-0.48%	0.32%	15.75%	-10.68%	26.43%
2001	-0.12%	2.82%	1.37%	-0.82%	2.60%	2.92%	2.05%	0.47%	0.99%	3.18%	1.62%	0.90%	20.60%	-12.87%	33.48%
2002	3.95%	1.19%	1.03%	0.29%	-0.75	0.35%	0.14%	2.75%	0.14%	0.37%	0.37%	1.85%	12.23%	-22.81%	35.04%
2003	0.05%	-0.53%	0.07%	7.26%	5.69%	3.34%	4.49%	7.99%	4.42%	14.41%	3.14%	-0.79%	60.93%	26.12%	34.81%
2004	3.21%	-1.86%	-3.93%	-3.40%	3.38%	1.13%	2.08%	-1.36%	2.72%	3.22%	8.58%	1.38%	15.49%	8.94%	6.55%
2005	-0.68%	5.90%	-1.25%	-5.22%	6.15%	3.27%	4.48%	5.62%	4.53%	-1.33	2.46%	1.17%	27.33%	3.01%	24.32%
2006	12.31%	-1.13%	6.49%	-0.39%	-5.82%	1.94%	-6.87%	-4.03%	-0.37%	6.64%	3.96%	1.29%	13.09%	13.74%	-0.65%
2007	1.31%	-2.79%	8.41%	2.47%	3.62%	-0.85%	3.85%	1.15%	6.29%	0.95%	-1.89%	6.40%	32.26%	3.24%	29.02%
2008	-11.38%	3.29%	-0.03%	0.32%	4.73%	2.21%	-6.55%	2.67%	2.29%	-0.68%	0.49%	1.75%	-2.06%	-38.28%	36.22%
2009	0.85%	1.04%	-3.10%	2.54%	5.00%	0.68%	-1.75%	2.46%	8.59%	-4.46%	4.81%	6.25%	24.48%	23.49%	0.99%
2010	4.94%	5.63%	4.26%	-0.69%	-6.32%	-5.40%	0.35%	0.90%	-0.36%	-1.35%	4.92%	3.03%	9.43%	12.84%	-3.41%
2011	3.39%	3.86%	5.97%	-0.17%	-0.33%	-1.37%	3.08%	-6.50%	0.22%	3.92%	2.60%	-3.44%	11.04%	-0.20%	11.24%
2012	-2.30%	4.36%	1.77%	-0.69%	1.61%	7.43%	-0.09%	1.34%	4.25%	1.67%	0.11%	1.23%	22.32%	13.47%	8.84%
2013	7.39%	-0.77%	5.96%	0.68%	5.83%	-2.14%	8.41%	0.79%	4.39%	4.09%	4.12%	-1.26%	43.70%	29.69%	14.01%
2014	-0.04%	4.84%	-5.49%	-2.03%	4.63%	4.81%	-4.19%	4.14%	0.52%	-1.84%	6.46%	1.25%	12.92%	11.29%	1.63%
2015	3.38%	5.63%	1.19%	-4.30%	5.03%	-1.93%	-0.74%	-3.35%	-0.42%	2.70%	3.38%	-0.66%	9.74%	-0.81%	10.55%
2016	-4.92%	0.71%	2.82%	-1.44%	3.30%	2.68%	5.48%	-0.57%	1.15%	-4.36%	8.58%		13.39%	8.26%	5.13%

제12장 ─────────

평균회귀 롱과
평균회귀 쇼트의 조합
- 리스크를 줄이고 수익을 늘리는 방법

이 전략은 평균회귀 롱 전략과 평균회귀 쇼트 전략을 조합한 것이다. 이 두 가지 전략을 동시에 구사하여 거래하면 된다. 곧이어 살펴보겠지만 CAGR이 크게 상승하고 최대 드로다운은 크게 줄어드는 결과를 얻을 수 있다. 리스크를 줄이면서도 수익을 얻을 수 있다는 이야기다!

한 가지 전략이 손실을 내기 시작하면 다른 전략이 그 손실을 메워준다. 롱 포지션이 손실을 내기 시작하면 쇼트 포지션이 그 손실을 메울 수익을 낸다. 이 두 가지가 서로를 보완하면서 한 가지 전략을 적용할 때보다 기하급수적으로 뛰어난 성과를 낸다. 우리는 총 주식자산 100%에 대해 이 두 가지 전략을 동시에 구사한다. 100% 롱과 100% 쇼트를 동시에 진행하면 기본적으로 시장 중립성을 유지할 수 있다. 때로는 투자 방향이 예를 들면, 70% 롱이나 70% 쇼트와 같이 한쪽으로 다소 기울어질 수도 있지만 그래도 괜찮다.

평균회귀 롱 전략만을 적용할 때는 완전히 정체되는 시기가 나타나게 마련이다. 자본을 십분 활용하지 못한다는 뜻이다. 그러나 평균회귀 롱과 쇼트를 동시에 적용하면 자본을 제대로 활용할 수 있다. 더욱이 각각은 서로 다른 유형의 시장에 맞게 설계되었으므로 그 두 가지를 동시에 구사하면 그 어떠한 상황이 닥쳐도 보호받을 수 있다는 이점이 있다.

다음은 두 가지 전략을 동시에 활용할 때의 성과를 보여주는 표다.

마감 잔고	18,692,897.21
CAGR%	26.99%
총 주식 자산 대비 최대 드로다운	11.5%
최장 드로다운 기간	15.9
평균 수익 비율	65.2%
평균 손익 비율	0.8
평균 거래 일수	2.00
롱의 수익 기여도	67.74%
쇼트의 수익 기여도	32.26%
수익이 난 개월의 비율	80.61%
R^2	0.95
R^3	4.07
궤양 지수	2.04

1995년 1월 2일-2016년 11월 23일	매매 시스템	기준 지표
CAGR	26.99%	7.48%
최대 드로다운	11.46%	56.47%
최저 월간 수익률	-6.31%	-16.52%
최저 일간 수익률	-5.79%	-9.84%
연평균 변동성	1-.51%	19.31%
샤프 지수	2.57	0.39
MAR	2.36	0.13
기준 지표 대비 일간 수익률의 상관도	0.12	1.00
1년간 누적 수익률	22.09%	8.26%
월간 누적 수익률	5.67%	3.83%
총 수익률	18,592.90%	385.05%

보다시피 (CAGR을 최대 드로다운으로 나눈) MAR 비율이 훌륭하며 기준 지표와의 연관성도 거의 없다.

평균회귀 전략답게 평균 거래 일수는 많지 않으며 그 대신 대량의 거래가 필요하다. 이 전략은 기준 지표를 기하급수적으로 앞지른다. 수익은 기준 지표의 4배 정도이며 드로다운은 5분의 1 수준이다! 이처럼 서로 연관되지 않은 전략을 조합할 때는 투자 금액 대비 최대 한도의 수익을 얻을 수 있는 마법이 가능하다.

궤양 지수가 낮고 R^2가 높을 뿐만 아니라 수익이 나는 달이 80%를 웃돈다.

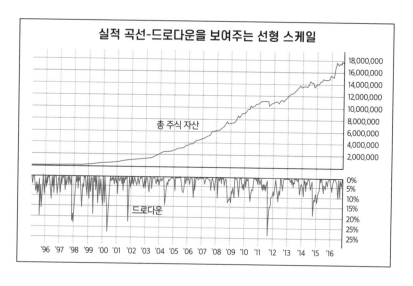

보다시피 드로다운은 오래 지속되지 않는다. 매매 빈도가 높기 때문에 기회가 풍부하며 그에 따라 회복도 빠르다. 그러한 신속성이 도움을 준다.

평균회귀 롱 전략의 최대 드로다운은 20% 정도였지만 평균회귀 쇼트 전략을 추가하면 최대 드로다운은 11%로 하락했다. 평균회귀 롱 전략의 CAGR는 21%였던 반면에 두 가지를 조합하면 26%로 상승했다.

조합된 전략은 1995년 이후로 매년 수익을 냈다. 심지어 시장이 폭락한 2008년에도 S&P 500보다 64%나 앞선 성과를 거두었다. S&P 500이 이 강력한 전략을 앞지른 해는 몇 해 되지 않았다.

최근에 대단치 않은 성과를 보인 까닭은 변동성이 작았기 때문이다. 어떤 사람들은 그 사실을 고려하지 않은 채로 그저 평균회귀 전략이 더 이상 효과를 발휘하지 못한다고 속단하지만 터무니없는 이야기다. 평균회귀 전략을 구사할 때 변동성이 작으면 수익이 크지 않다는 사실을 알아두어야 한다. 그 같은 사실은 우리의 매매 규칙에도 반영되어 있다. 간단히 말해 평균회귀 전략을 적용할 때는 매매 제안이 충분히 설정되지 않는다. 단기 수익을 얻을 기회가 많지 않다는 이야기다.

리스크 조정 수익률은 여전히 괜찮은 수준이지만 순수 실적은 그저 그렇다. 큰 수익을 낼 정도로 대량의 매매가 이루어지기에는 변동성이 충분하지 않다. 그러나 변동성이 구조적으로 증가하기 시작하면 평균회귀 전략은 한층 더 좋은 성과를 낼 것이다.

다음 표는-기준 지표(S&P 500의 매수 후 보유 전략)를 포함해 - 앞서 설명한 모든 전략의 성과를 보여준다.

분명한 점은 계량화된 전략이 전부 명확하고 지속적인 우위를 보인다는 것이다. 게다가 전략을 통합하면 그 우위는 기하급수적으로 커진다.

전략	CAGR%	최대 드로다운	총 수익률	몇 달 동안의 최대 드로다운	샤프 지수
SPY 매수 후 보유	7.48%	56%	385%	86	0.39
주간 회전 롱	19.71%	30%	4,908%	38	0.96
평균회귀 롱	21.92%	20%	7,557%	14	2.15
평균회귀 쇼트	17.79%	15%	3,502%	14	1.54
평균회귀 쇼트 + 롱	26.99%	11%	18,592%	16	2.54
주간 회전 + 평균회귀 쇼트	26.32%	23%	16,545%	16	1.43

v	1월	2월	3월	4월	5월	6월	7월	8월	9월	10월	11월	12월	연간	SPY	SPY 비교
1996	0.97%	2.50%	-1.79%	-0.36%	-0.34%	0.47%	-3.64%	-0.72%	4.67%	6.70%	-1.00%	0.64%	7.94%	35.16%	-27.22%
1997	1.86%	4.01%	2.72%	8.20%	1.10%	10.28%	1.73%	2.74%	2.17%	0.21%	1.94%	1.83%	45.81%	20.31%	25.50%
1998	4.83%	2.01%	2.68%	-0.55%	4.56%	-0.96%	3.31%	4.63%	3.72%	-1.64%	1.02%	1.46%	27.81%	31.39%	-3.58%
1999	5.29%	3.72%	6.02%	11.95%	3.32%	-4.07%	2.52%	1.68%	3.82%	-0.85%	7.80%	2.55%	52.38%	27.04%	25.33%
2000	10.93%	3.09%	8.59%	2.33%	9.31%	3.78%	4.79%	2.62%	6.30%	2.10%	6.68%	-0.99%	77.71%	19.11%	58.60%
2001	8.44%	5.32%	-4.15%	-2.07%	2.42%	5.36%	8.77%	1.13%	6.15%	3.62%	-0.30%	0.81%	40.68%	-10.68%	51.36%
2002	5.87%	5.52%	3.98%	-0.71%	5.16%	4.40%	5.15%	2.93%	-3.48%	4.20%	2.96%	0.29%	42.32%	-12.87%	55.20%
2003	3.97%	-0.87%	4.90%	2.10%	1.12%	8.19%	0.48%	3.83%	0.55%	0.35%	0.68%	2.64%	31.35%	-22.81%	54.16%
2004	3.26%	0.75%	-2.08%	2.25%	2.77%	8.10%	7.44%	3.57%	1.79%	7.03%	6.89%	5.04%	57.52%	26.12%	31.40%
2005	2.72%	4.64%	1.14%	-1.01%	3.19%	0.42%	1.01%	0.33%	0.54%	4.95%	2.72%	0.56%	23.17%	8.94%	14.23%
2006	5.21%	3.01%	3.09%	2.00%	0.94%	1.83%	-2.00%	-0.01%	1.95%	8.60%	1.73%	4.43%	35.01%	3.01%	32.00%
2007	1.15%	0.25%	2.18%	5.59%	4.00%	1.83%	2.25%	0.33%	0.63%	2.20%	0.64%	0.96%	24.21%	13.74%	10.47%
2008	4.32%	0.98%	2.87%	1.96%	1.80%	0.43%	3.49%	7.51%	0.85%	2.27%	0.01%	1.80%	31.97%	3.24%	28.73%
2009	-0.89%	1.53%	1.65%	1.40%	4.28%	0.39%	7.54%	1.97%	4.78%	-5.04%	0.31%	1.06%	20.08%	-38.28%	58.36%
2010	1.03%	0.63%	-1.65%	4.07%	7.16%	2.82%	-3.40%	4.77%	5.14%	-0.72%	-0.36%	3.12%	24.45%	23.49%	0.96%
2011	-1.03%	6.52%	1.05%	2.06%	0.09%	0.82%	0.72%	2.83%	0.99%	0.20%	0.37%	2.84%	18.68%	12.84%	5.84%
2012	1.38%	0.94%	-0.68%	-0.08%	0.22%	-0.05%	0.14%	-6.31%	1.67%	1.08%	0.80%	1.45%	0.30%	-0.20%	0.50%
2013	-1.46%	3.65%	-0.55%	-2.07%	0.42%	2.00%	0.41%	-0.48%	2.04%	0.10%	2.21%	1.76%	8.15%	13.47%	-5.32%
2014	1.65%	3.09%	-0.37%	2.04%	0.21%	1.98%	1.13%	2.48%	2.15%	-2.06%	1.07%	0.02%	14.12%	29.69%	-15.57%
2015	0.56%	0.50%	-0.97%	1.28%	1.09%	2.34%	-0.16%	0.78%	-0.42%	-3.06%	0.37%	1.49%	3.76%	11.29%	-7.53%
2016	-0.47%	0.66%	3.69%	-1.06%	2.76%	-0.81%	-0.26%	0.26%	-0.19%	1.06%	0.70%	2.68%	9.25%	-0.81%	10.07%
	-1.26%	0.14%	9.10%	0.91%	5.18%	-1.86%	1.45%	-2.68%	3.61%	0.51%	5.67%		22.09%	8.26%	13.84%

개인적으로 12가지의 서로 연관되지 않은 전략을 조합하여 거래한다. 그뿐만 아니라 성향상 전략 통합이 적합한 고객 대부분에게도 앞서 설명한 모든 전략을 조합하도록 가르친다. 검증된 전략을 다양하게 조합할수록 리스크 조정 수익률도 높아진다. 검증된 전략을 전부 통합하는 것은 손쉽게 수익을 증대할 수 있는 방법이다. 게다가 나중에 다른 전략을 추가할 수도 있다. 자동 거래의 측면에서 '통합되는 전략이 늘어날수록 더 신나는 결과'를 얻을 수 있다. 각각의 추가된 전략은 수익을 늘리는 한편 리스크를 줄이는 데 기여한다.

제6부

결론
– 경제적 자유를 위한
마지막 단계

제13장

목표 달성을 위해
추가할 재료
- 포지션 규모 설정

앞서 언급한 바와 같이 포지션 규모를 설정함으로써 목표를 명확히 정할 수 있다. 첫째, 전략은 강점을 갖춰야 한다. 강점을 갖추고 나면 포지션 규모라는 요소를 추가해야 하는데 이는 목표에 따라 각자의 안전지대 내에서 전략을 적용하는 데 도움을 준다.

목표, 리스크 감내 수준, 증거금 거래 여부에 따라 포지션 규모를 설정하는 방법은 다양하다.

포지션 규모와 관련된 모형은 이 책에서 다뤄진 것 이상으로 다양하므로 목표 수익과 리스크 감내 수준을 바탕으로 몇 가지 간단한 조정 방법을 다루고자 한다. 우리는 다음 예시를 통해 포지션 규모가 CAGR뿐만 아니라 최대 드로다운에 어떠한 영향을 주는지 확인할 수 있다. 이 예시에서 사용된 전략은 평균회귀 롱과 쇼트를 통합한 것이다. 이번에도 100% 롱과 100% 쇼트로 거래한다는 것을 명심하라.

평균회귀 롱과 쇼트를 조합한 결과는 다음과 같다.
- CAGR: 26%
- 최대 드로다운: 11%
- 거래 건당 리스크: 2%
- 최대 포지션 개수: 롱 10개 및 쇼트 10개.
- 포지션별 최대 규모: 총 주식 자산의 10%

보수적인 규모 설정 모형

이번 사례는 좀 더 보수적인 성향의 트레이더에게 적합한 전략을 보여준다. 해당 전략은 평균회귀 롱과 쇼트 전략의 조합을 선호하면서도 하루 또는 한 달 동안 주가가 요동치고 크게 하락하는 것을 감당할 수 없는 사람에게 어울린다. 이런 경우 드로다운이 너무 커지면 기존 전략을 제대로 따라갈 수 없게 된다. 다음 사례는 리스크 감내 수준이 낮은 트레이더를 위해 간단하게 변형한 전략이다.

우리는 기본적으로 포지션 규모를 절반으로 줄인다:
- 우리는 같은 개수의 롱 포지션과 쇼트 포지션을 거래하는데 포지

선별 최대 개수는 10개다.

- 거래 건당 리스크: 1%
- 포지션별 최대 규모: 총 주식 자산의 5%
- 롱과 쇼트가 결합된 전략이므로 롱과 쇼트 포지션의 리스크 노출 비율은 각각 최대 50%다(10개 포지션 X 총 주식 자산의 5%).

보수적인 포지션 규모 설정의 결과

1995년 1월 2일 ~ 2016년 11월 23일	매매 시스템	기준 지표
CAGR	14.78%	7.48%
최대 드로다운	5.62%	56.47%
최저 월간 수익률	-2.95%	-16.52%
최저 일간 수익률	-2.93%	-9.84%
연평균 변동성	5.46%	19.31%
샤프 지수	2.71	0.39
MAR	2.63	0.13
기준 지표 대비 일간 수익률의 상관도	0.08	1.00
1년간 누적 수익률	10.60%	8.26%
월간 누적 수익률	2.92%	3.83%
총 수익률	1,944.36%	385.05%

드로다운이 11% 남짓에서 5.6%로 하락한 것을 확인할 수 있다. 물론 CAGR은 크게 하락했지만 보수적인 방향을 선택했으니 어쩔 수 없다. 그럼에도 CAGR은 S&P 500의 두 배인 14.78%에

이르며 드로다운은 S&P 500보다 무려 10배 가까이 작다! 리스크가 줄어들수록 CAGR이 낮아지는 것은 당연한 결과다.

과감한 규모 설정 모형

- 이제 매우 과감한 모형을 취해보자. 대규모의 증거금 거래를 하는 방식이다. 일부 증권 중개업체에서는 이러한 포지션 규모 설정이 불가능하지만 내가 이용하는 인터랙티브 브로커스(Interactive Brokers)에서는 12만 5,000달러를 웃도는 포지션에 대해서는 포트폴리오 증거금을 이용한 증거금 거래가 가능하다.
- 우리는 같은 개수의 롱 포지션과 쇼트 포지션을 거래하는데 포지션별 최대 개수는 10개다.
- 거래 건당 리스크: 3%
- 포지션별 최대 규모: 총 주식 자산의 15%
- 롱과 쇼트가 결합된 전략이므로 롱과 쇼트 포지션의 리스크 노출 비율은 각각 최대 150%다(10개 포지션 X 총 주식 자산의 15%).

과감한 포지션 규모 설정의 결과

1995년 1월 2일 ~ 2016년 11월 23일	매매 시스템	기준 지표
CAGR	39.61%	7.48%
최대 드로다운	16.52%	56.47%
최저 월간 수익률	-9.83%	-16.52%
최저 일간 수익률	-9.07%	-9.84%
연평균 변동성	15.56%	19.31%
샤프 지수	2.55	0.39
MAR	2.14	0.13
기준 지표 대비 일간 수익률의 상관도	0.15	1.00
1년간 누적 수익률	34.12%	8.26%
월간 누적 수익률	8.41%	3.83%
총 수익률	148,670.46%	385.05%

　보다시피 CAGR은 연간 40% 정도로 급등하지만 당연히 드로다운도 상승한다. 그럼에도 드로다운이 17% 정도로 S&P 500의 3분의 1도 안 된다. 항상 그러하듯이 더 많은 수익을 추구하면 더 많은 리스크를 부담해야 한다.

　대부분의 사람이 자신의 리스크 선호도를 과대평가하는 경향이 있으므로 나는 이 같은 방식을 추천하지 않는다. 이번 예시는 다른 포지션 규모 설정 알고리즘을 사용할 때 전반적인 수익률과 드로다운이 어떠한 영향을 받는지 알려주는 길잡이 역할이다.

요약

포지션 규모 설정을 통한 목표 달성을 위해서는 한층 더 다양한 첨단 기법을 활용할 수 있지만 이 책의 주제를 벗어나는 내용이라 다루지 않겠다. 다양한 선택지가 있으니 그 가운데 자신에게 잘 맞는 것을 찾아보라.

이제 포지션 규모 설정 모형 세 가지를 비교해보자.

전략	CAGR	최대 드로다운	총 수익률
표준적인 규모 설정 - 평균회귀 롱/쇼트의 조합	26.99%	11%	18,592%
보수적인 규모 설정	14.78%	5.62%	1,944%
과감한 규모 설정	39.61%	18.52%	148,670%

제14장

느슨한 태도를 유지하되 눈에 띄지 않는 위험을 조심하라

사람들은 대부분 이런 의문을 표한다. "멋진 전략 같군요. 하지만 미래에도 똑같은 성과를 거둘 수 있을까요?" 백테스트는 과거 데이터를 토대로 한 과거의 재현일 뿐 미래 성과의 보장이 아님을 알아둘 필요가 있다.

시장에 대해서 확실한 것은 한 가지뿐이다. 항상 변한다는 점이다. 우리는 언제나 하락장, 상승장, 보합장, 오르락내리락하는 변동성을 경험할 것이다. 이 모든 것을 감안하고 자신의 믿음을 바탕으로 한 전략을 세운다면 좋은 성과가 따라오게 되어있다. 그렇다 해도 시장 상황에 따라 여러 가지 결과가 나타날 수 있다.

완벽한 결과를 보장하지는 못하지만 당신이 이 책에 요약된 단계를 따르는 한 트레이더 대다수(90%)를 앞지를 수 있다는 점은 약속할 수 있다.

투자를 하다 보면 백테스트에서 도출된 드로다운보다 큰 드로다운을 반드시 경험하게 된다. 드로다운의 지속 기간도 마찬가지다. 그것이 주식매매의 현실이다. 쉽게 감당할 수 있을 것 같지만 그렇지 않다. 백테스트에서 최대 드로다운이 15%, 드로다운 지속 기간이 10개월로 도출되었는데 실제로는 17.5%에 이르는 드로다운을 13개월 동안 경험하면 대부분의 사람들이 공황 상태에 빠진다. '최대 드로다운'이 초과되었기 때문에 자신의 전략이 잘못되었다고 생각한다.

그러나 여기에서 눈여겨보아야 할 단어는 '백테스트'이다. 과거를 통해 미래를 비슷하게 예측할 수는 있지만 백테스트는 완벽하지 않다. 또한 공황 상태에 빠진 사람들의 전략에 문제가 있는 것이 아니다. 문제는 그들의 심리 상태다. 은행 잔고 때문에 판단력이 흐려져서는 안 된다. 최악의 시기에도 전략을 따르라!

그러나 반대의 상황도 가능하다. 변동성이 너무 커지면 평균회귀 전략이 제대로 작동하지 않아 예상보다 더 큰 수익을 얻을 때가 있다. 닷컴 거품 붕괴 같은 사건이 터져서 주간 회전 전략이 통제 불능의 상태가 될 수도 있다. 좋은 시기만이 아니라 나쁜 시기도 반드시 찾아오겠지만 당신은 사실상 그 누구보다도 더 든든하게 대비되어 있을 것이다.

꾸준히 전략을 따르다 보면 결국에는 반드시 성공할 것이다.

수익성 있는 투자를 위해서는 다음과 같이 단계별로 조치를 취해야 한다.

먼저 자신의 믿음을 파악해야 한다. 당신은 추세를 추종하는가? 아니면 평균회귀 전략을 활용하는가? 효과를 증대하기 위해 두 가지 전략을 조합하는가? 자신이 어디에 해당하는지 명확하게 규정하라. 그런 다음에 최대한도로 분명한 목표를 세우라. 그리고 나서는 포지션 규모를 설정하라. 그러나 적어도 매매 시작 단계에는 설정된 포지션 규모를 절반으로 줄이는 편이 안전하다.

주식매매를 일종의 사업으로 간주하라. 자신의 돈이 들어가는 일이니 진지한 태도로 임해야 한다. 계획을 세우라.

마지막으로 일관된 태도로 전략을 실행하라. 훌륭한 매매 전략이 있어도 당신이 제대로 구사하지 않으면 실패한 전략이 된다. 규칙을 지키고 전략을 이탈하지 말아야 한다. 뉴스를 무시하라. 과잉 대응은 전략을 무용지물로 만든다.

나는 완벽한 매매 규칙과 뚜렷한 강점이 있는 전략을 지녔지만 심리 상태가 불안한 사람들을 수도 없이 보았다. 이들은 뉴스에서 눈을 떼지 못하며 외부 잡음 때문에 판단력이 흐려져 어떤 날에는 컴퓨터의 지시를 무시해버린다. 전략의 매매 지시에도 불구하고 매매하지 않는다. 대개의 경우 큰 수익을 내는 거래를 놓쳐버린다. 전략을 일관성 있게 실행할 정도의 자제력이 없어서 훌륭한 전략을 쓸모없는 전략으로 만들어 버린다. 핵심은 일관성이다.

이러한 문제를 해결하기 위해 매매 전략의 실행에 특화된 기업을 설립했다. 우리는 고객에게 날마다 보고서를 보내며, 정확히 전략의 내용대로 거래한다. 노련한 전문가로 구성된 팀이 고객 대신 자제력과 일관성을 발휘하여 전략을 실행하는 것이다.

우리는 두 가지 방법으로 일한다.
1. 고객이 원하는 바에 부합하는 전략을 세운다.
2. 고객에게 완성된 전략을 제공하고 고객을 위해 매매 신호에 따라 거래한다.

믿음을 확인하고 규칙을 정한 다음에 전략을 자동화하고 그 전략에 따라 거래하는 단계별 조치를 따르면 남은 생애 동안 일관되고 과학적으로 검증된 방식으로 수익성 있는 투자를 지속할 수 있다. 더 이상의 스트레스 없이 경제적 자유와 심리적인 자유를 얻는 길로 나아가게 된다.

다시 말해 마침내 여유를 찾을 수 있을 것이다.

믿음, 목표, 포지션 규모를 철저히 설정하는 한 실패할 여지란 없다. 주식매매가 사실상 심리 상태에 좌우된다는 점은 아무리 강조해도 지나치지 않다. 아무리 완벽하다 해도 자신의 믿음에 부합하지 않는 전략을 꾸준히 실행하기란 불가능하다. 그런 전략은 무용지물이 되고 만다.

전략을 고안하는 작업은 어렵다. 그러나 전략을 완성하고 나면 어려운 작업도 끝난다. 믿음, 강점, 목표, 전략의 규칙을 정확히 규정하고 백테스트를 실행하는 과정도 어렵기는 마찬가지다. 그러나 그 작업을 마치고 나면 전략을 실행하는 과정은 식은 죽 먹기다. 모든 요소가 자동화되어 하루 30분만으로 경제적인 자유를 손쉽게 누릴 수 있다. 날마다 과정을 충실히 따르고 실시간 결과가 백테스트 결과에 일치하는지, 아무것도 바뀐 것은 없는지 가끔씩 확인하기만 하면 된다.

그러나 사람들은 대개 고된 사전 작업이 필요하다는 사실을 알지 못한다. 또한 스스로를 솔직하게 바라보고 자신의 약점을 인정할 정도로 강인하지 못하다.

자신의 매매 방식, 목표, 포지션 규모를 명확히 정하지 못한 사람은 전략을 무시하다가 참패를 당한다. (내가 이 책에서 소개하고 내스스로 실행한 전략과 마찬가지로) 뚜렷한 강점이 있는 전략이 있어도 따르지 않는다. 이런 사람들은 매일 거래하지 않는다. 아니면 처음 3개월 동안 좋은 성과를 내다가 드로다운을 겪으면 돈을 날리고 있다는 사실에 감정적으로 집착하여 자신의 전략을 불신하기 시작한다.

이는 목표를 정확하게 설정하지 않았기 때문에 생기는 일이다. 드로다운에 휘둘려서는 안 된다. 드로다운은 우리가 전략을 고안하는 과정에서 이미 예상한 일이기 때문이다. 자기 전략을 불신하고 검증된 신호를 무시하기 시작하면 전략도 무용지물이 된다. 전략을 따르지 않고 실패해버리면 그동안의 고된 노력이 헛수고로 돌아갈 뿐이다. 먼저 스스로에게 솔직해져야 한다. 그런 다음에 전략을 신뢰하고 충실히 따르라.

내 고객 중 한 사람은 노련하고 기량이 뛰어나지만 펀더멘털 접근법을 취하는 트레이더였다. 그 고객이 나를 만난 까닭도 기술적이고 자동화된 접근법으로 전환하기 위해서였다. 우리는 멋진 전략을 짰다. 내 자신이 사용하고 싶을 정도로 훌륭한 전략이었다! 그러나 6개월 후에 연락해보니 그는 "성과가 좋지 못하다."고 말했다. 10%의 손실을 입었다는 것이다. 그 당시에 그의 전략에 유리한 시장 환경이 조성되어 있었기 때문에 희한한 일이었다. 내가 그에게 요청해서 받은 백테스트 결과에 따르면 10%의 수익이 발생해야 했다. 이처럼 백테스트 결과와 실제 결과의 차이는 20%에 이르렀다. 나는 고객에게 무슨 문제가 있었냐고 물어보았다. 원래대로라면 쏠쏠한 수익이 발생했어야 했다.

그는 내게 처음 드로다운이 발생했을 때 '매우 언짢은 기분'을 느꼈다고 말했다. 그때 그의 드로다운은 10%에 불과했다. 그는 마음에 들지 않는 거래 몇 건을 건너뛰었다. 물론 그가 하지 않은 거래는 정반대 결과를 내놓았다. 그는 그 모든 수익을 놓쳤고 고작 6개월 만에 10%의 수익은커녕 10%의 손실을 입었다. 이 사람이 전략을 신뢰하지 못한 이유는 애당초 자신의 리스크 감내 수준을 솔직하게 인정하지 못했기 때문이다. 소화하기 벅찬 포지션 규모를 설정했다. 그는 자신이 보유한 포지션을 감당하지 못했고 전략을 불신하기 시작했다.

그는 나와의 작업을 통해 목표를 철저히 재규정하고 나서야 그 같은 문제를 극복할 수 있었다. 우리는 전략을 수정하지는 않았다. 그 전략은 탁월했다. 그 대신 우리는 그가 어떠한 상황에서도 침착하고 안정된 상태로 전략을 적용할 수 있도록 목표를 다시 세웠다. 그리고 그의 실제 리스크 감내 수준에 맞는 포지션 규모를 새로 설정했다. 이제 그 고객은 전략을 따르고 모든 거래를 실행할 수 있게 되었다.

현재는 변동성이 낮은데도 불구하고 매년 지속적으로 두 자릿수 수익률이라는 좋은 성과를 달성해왔다. 그는 일관성 있게 전략을 따르고 있으며 자신의 삶에 만족해한다.

내가 다른 사람들의 돈을 운용해본 경험에 따르면 사람들은 십중 팔구 이전에 장담했던 것과 달리 드로다운을 감당하지 못한다. 일부 고객의 거래를 대신 해주기도 하는데 그럴 때는 그 사람들의 리스크 감내 수준을 제대로 파악하는 일에 최대한도로 신중을 기한다.

어떨 때는 고객의 리스크 감내 수준에 맞추기 위해 일부러 저변동 성 전략만 활용한다.

나는 사람들이 돈 걱정에 안절부절못한 나머지 내게 전화를 하여 일시적인 드로다운에 대해 야단을 떠는 상황을 원치 않는다.

이때 나 자신의 목표는 중요하지 않다. 다른 전략이라든가 좀 더 과감한 포지션 규모 설정을 통해 한층 더 큰 수익을 얻을 수도 있겠 지만 그러한 조치 때문에 고객이 심리적으로 혼란스러워하면 매우 위험한 상황에 이를 수 있다. 무엇보다도 고객의 목표가 무엇인지, 고객이 실제로 감당할 수 있는 목표인지가 중요하다.

어떤 고객이 처음으로 자신이 원하는 포지션 규모를 설정할 때마 다 포지션 규모를 절반으로 줄인 다음에 상황을 지켜보라고 말한 다. 자신이 세운 전략의 백테스트 결과를 보면 주식 곡선이 왼쪽 아래 사분면에서 오른쪽 꼭대기로 상승하는 것을 알 수 있다. 이는 장기적으로 수익을 낸다는 뜻이다. 보기에는 바람직하고 간단한 일 같다. 그러나 주식 곡선은 주가가 갑자기 하락하고 실제 자산이 위태로워질 때 투자자가 느끼는 감정을 나타내지 못한다. 퇴직 연금이 줄어든다고 생각해보라. 현재와 같이 침착한 심리 상태로 손실을 감당할 수 있다고 확신하더라도 포지션 규모를 절반으로 줄여야 한다. 우선 그렇게 시작하고 나중에 조정하면 된다.

일생 동안 취해야 할 접근법이니 서두르지 말아야 한다. 자신이 최대 20%의 드로다운을 쉽게 감당할 수 있다고 생각하면 최대 10%의 드로다운까지만 허용하는 알고리즘으로 시작하라. 훨씬 더 편안한 마음을 유지할 수 있다. 주식매매 도중에 느끼는 감정을 일정 기간 동안 관찰하다가 자신이 어느 한도까지 드로다운을 감당할 수 있는지 확인하고 나면 상향 조정해도 된다. 이 같은 투자 방식의 목적은 일생 동안 든든한 대비책이 되는 것이다. 지금 당장 수익을 극대화하는 방법이 아니다. 첫 6개월은 중요하지 않으며 수익이 나지도 않는다. 중요한 것은 첫 6개월 동안 전략을 따르고 경제적인 자유를 달성하는 데 필요한 능력, 기량, 안정감을 기르는 것이다.

당신의 믿음은 실제 경험에 바탕을 두어야 한다. 당신이 20%의 드로다운을 감당할 수 있다고 치자. 그 같은 수치는 어떠한 실제 경험에서 비롯된 것인가? 모든 사람의 상황은 각자 다르다.

당신은 노후 대비 저축 이외에 다른 소득이 없는가? 아니면 10만 달러의 거래 자본 이외에도 매달 2만 5,000달러의 소득을 얻는가? 다달이 얻는 소득이 있으면 리스크를 좀 더 감내해도 된다. 그렇게 해도 대비가 되기 때문이다. 그렇지 않고 얼마만큼의 리스크를 감내하느냐에 따라 퇴직 연금이 간당간당한 상황이라면 철두철미하고 솔직한 태도로 최대 리스크를 정하는 편이 바람직하다. 모든 것이 당신에게 달려 있다. 당신은 무엇을 원하는가? 당신의 목표는 무엇이고 리스크 감내 수준은 어느 정도인가? 그 답은 사람마다 각양각색일 것이다.

내 고객 중 하나는 전직 객장 트레이더이다. 그는 17년 동안 경험을 쌓았지만 더 이상 객장 매매에 종사하지 않는다. 객장이 폐쇄되고 전자 매매로 전환되고 있기 때문이다. 그는 다른 접근법을 고안하기 위해 내게 연락했다. 우리는 목표에 대해 오랜 대화를 나누었다. 그가 "나는 25%까지는 드로다운을 감당할 수 있어요."라고 했을 때 나는 "어떤 근거로 그렇게 확신하시나요?"라고 질문했다. 그는 과거 17년에 걸쳐 수도 없이 그 정도의 드로다운을 경험했다고 대답했다. 정확히 어떤 기분이 드는지 잘 안다고 말했고 충분히 감당할 수 있다고 확신했다. 그는 경험이 풍부한 트레이더였기에 그 사람의 말을 믿었다. 그러나 초심자들이 그런 말을 하면 그들이 실제로 예상하는 드로다운이 어느 정도인지 즉각 간파해낸다. 사람들은 대부분 투자 자산의 25%를 잃는 것이 어떠한 일인지 짐작도 하지 못한다.

손실을 입을 때 속상해하고 감정적으로 대응하는 것이 인간 본연의 모습이다. 그 사실을 반드시 감안해야 한다. 그렇게 하지 않으면 실패는 정해진 수순이다. 자신이 똑똑하고 수익을 낼 수 있는 반면에 타고난 약점도 있다는 사실을 인정할 필요가 있다.

　나는 고객들과 드로다운에 대해 논의할 때는 그들의 감정적인 반응을 이끌어내기 위해 실제 계좌 잔고가 얼마만큼 감소하게 될지를 알려준다. 초기 자본의 금액을 설정한 다음에 그중에서 얼마를 잃었다고 상상해보라. 예를 들어 초기 자본이 50만 달러이고 25%의 드로다운을 감당할 수 있다고 치자. 그렇다면 드로다운 금액은 12만 5,000달러다. 12만 5,000달러를 날린다고 생각해보라. 날마다 들여다보는 계좌 잔고가 더 이상 50만 달러가 아니라 37만 5,000달러로 줄어든다면 정확히 어떤 기분이 들까. 8개월 후에도 잔고가 여전히 40만 달러를 밑돈다면 어떻겠는가? 8개월 동안의 주식매매에서 10만 달러를 잃는다면? 불쾌한 기분이 들지 않겠는가? 그럼에도 자신의 전략을 따를 수 있겠는가? 백분율을 실제 금액으로 환산하는 식으로 시각화하면 자신이 실제로 몇 퍼센트의 드로다운을 감당할 수 있을지, 심리 상태가 어떠한 변화를 겪을지 비교적 정확하게 가늠할 수 있다. 그 무엇도 현실 세계의 경험을 대체할 수는 없지만 시각화는 적절한 첫 조치다.

　내 고객들이 수익을 얻을 때가 아니라 손실을 입을 때마다 가장 중요한 교훈을 터득하는 까닭은 리스크 회피에 대한 인간 본연의 편향성 때문이다. 사람은 5만 달러의 수익을 내면 자기도취에 빠져 자신이 대단하다고 인식한다. 중요한 사실을 망각하고 스스로를 살펴보지 않는다. 그저 끝내주는 기분만 느낀다. 그러나 5만 달러의 손실을 입으면 그 사실이 뇌리에 들러붙는다. 불안해지고 스스로를 원망한다. 자신의 전략을 검토하면서 어째서 수익을 내지 못하는지, 어째서 예상한 대로 진행되지 않는지 고심한다. 목표를 다시 설정하고 재분석하기 시작한다. 자기가 목표를 제대로 세웠는지 의문을 품는다.

불쾌한 기분이 들기 시작한다. 다행히 그 불쾌한 감정은 현재의 전략이 정말로 당신에게 잘 맞는지 알려주는 역할을 한다. 실제로 손실을 입어본 경험이 있어야만 롱과 쇼트 거래를 동시에 진행하는 것이 자신에게 적합한지, 추세추종과 평균회귀 중 어느 전략이 자신에게 맞는지를 알 수 있다. 어떤 전략이 자신에게 안성맞춤인지는 그 전략이 최악의 결과를 낼 때 자신이 어떤 감정을 느꼈는지 경험하고 나서야 알 수 있다. 그렇지 않으면 평생토록 그 전략을 따를 수 있을지 확인할 수 없다.

사람이 5만 달러의 수익을 얻으면 자기가 대단한 사람이라는 자신감이 들고 사고 싶은 물건을 생각하게 된다. 또한 돈을 더 벌어서 좀 더 일찌감치 은퇴하겠다는 생각도 한다. 자신의 거래를 분석하지 않는다. 자아만 팽창된다.

아무리 강조해도 지나치지 않는 사실이 있다. 당신이 목표와 믿음을 명확하게 규정하고 현실 세계의 경험을 바탕으로 그 목표와 믿음을 검증할 때만이 전략을 성공적으로 활용하고 경제적 자유를 얻을 수 있다는 사실이다. 자신이 전략을 제대로 소화할 수 있을지, 피할 수 없는 최대 드로다운을 경험할 때라도 전략의 지시사항을 그대로 따를 수 있을지 미리 확인해야 한다.

빠른 흥분을 느끼려고 주식매매에 뛰어드는 사람이 많다. 이들은 성격적으로 흥분을 즐기기 때문에 주식매매가 자신에게 딱 맞는 취미라고 생각한다. 엄청난 착각이다. 장담컨대 전략이 좋은 성과를 낼 때 신나서 어쩔 줄 모르는 사람은 리스크 관리를 제대로 할 수 없다. 승리에 지나치게 도취된다는 것은 자신이 벌어들이는 수익에 지나친 애착을 느끼고 있다는 뜻이다. 이런 사람은 조만간 발생할 드로다운을 감당하지 못한다.

주식매매에서 수익을 내고 성공하려면 결과가 아닌 과정 지향적인 접근법을 취해야 한다. 과정 지향적인 접근법은 짜릿하지 않고 상당히 지루하다. 그러나 제대로 된 주식매매는 지루해야 마땅하다. 순전히 검증된 과정을 실행에 옮기는 것이 목표이기 때문이다. 시장에서 짜릿한 흥분을 찾다가는 실패하고 만다. 삶의 다른 영역-사랑이든 여행이든 모험이든 당신이 즐기는 것-에서 신나는 기분을 느끼고 주식매매는 무미건조하게 진행하라.

주식매매를 장기적인 안목으로 바라보라. 검증된 전략이 있어도 언제든 드로다운을 경험할 수밖에 없다는 사실을 인식하라. 실제로 전략 실행 기간의 대부분은 드로다운에서 헤어 나오지 못할 것이다. 한 예로 S&P 500은 7년 내내 드로다운에서 빠져나오지 못한 적도 있다. 물론 너무 긴 기간이었다. 그러나 당신의 전략이 1년 이상 수익을 내지 못할 때도 있을 것이다. 그것이 주식매매의 한 과정이다. 전략을 성공적으로 실행하려면 그 정도 기간은 아무렇지도 않게 생각해야 한다.

주식매매는 사업체 운영이나 부동산 투자와 똑같다. 사업 손실이나 주택시장 부진은 몇 달 동안 이어지게 마련이다. 주식매매도 마찬가지다. 10년에 걸친 결과를 놓고 보아야 한다. 10년 후에 어떤 결과를 달성할 수 있을지 생각해보아야 한다. 고작 몇 달 동안의 결과로는 아무것도 알 수 없다. 주식매매는 단기간 내에 돈을 벌 수 있는 게임이 아니다. 그런 목표를 세운 사람은 대부분 파산한다. 물론 운이 좋아 짧은 기간 동안 거액을 벌어들이는 사람들도 있다. 그런 사람들은 자랑도 요란하게 한다. 그러나 결국에는 그 돈을 전부 날리게 되어있다. 당신은 더 이상 그 사람들 소식을 듣지 못할 것이다.

이처럼 과정 지향적이고 장기적인 접근법을 취하려면 외부 잡음을 차단하고 자기 주관대로 삶을 살아야 한다. 언론이 사라고 부추기는 금융 상품이 있어도 개의치 말고 신문이 보도하는 내용을 무시해야 한다. 모든 사람이 금값 상승이나 하락을 이야기하는 상황은 아무런 도움이 되지 못한다. 전략대로 거래하는 것에만 주의를 기울여야 한다. 전략은 가격의 움직임을 따라갈 뿐 예측하지 않는다. 투자와 관련된 외부 잡음은 깡그리 무시해버려야 한다.

내 고객 한 사람은 보수가 좋고 정신없이 돌아가는 직장에서 바삐 일하는 중역인데 부업으로 꽤 많은 주식에 투자하고 있다. 꼬박 나흘 동안 그에게 자문을 제공했다. 그런 다음에 그와 함께 훌륭한 전략을 개발했다. 여러 개의 세부 전략으로 이루어졌고 그 고객의 믿음과 목표가 명확히 반영된 전략이었다. 그는 7개월 동안 주식을 매매하여 23%에 달하는 수익을 얻었다. 2016년 1월에 증시가 폭락했음에도 그 정도 수익을 올린 것이다. 2016년 한 해 동안 그는 30만 달러가 넘는 수익을 얻었고 주가지수를 큰 폭으로 앞질렀다. 전략을 원래 계획대로 실행했기 때문이다.

그가 그 같은 성공을 거둔 까닭은 기본적으로 업무를 끝마친 로봇처럼 행동하기 때문이다. 그는 바쁜 본업과 개인 생활에 초점을 맞춘다. 여행도 많이 한다. 하루 30분 동안 거래를 기계적으로 입력하고 나서는 흥미진진한 삶으로 돌아간다. 그 덕분에 2016년 1월의 드로다운으로도 그는 전혀 타격을 받지 않았고 이제는 큰 수익을 얻고 있다. 탄탄한 전략의 중요성을 제대로 이해한 사람이다. 그 고객처럼 고된 사전 작업을 통해 평생을 써먹을 수 있는 도구를 얻을 수 있다는 것을 이해하는 사람은 드물다. 그의 성공 비결은 바로 그 같은 사고방식이다.

그는 너무 바쁘기 때문에 밤 10시부터 30분 동안 거래를 입력하는 날이 많다. 우리는 어느 정도 타협을 해야 했다. 직장 업무를 마친 후 그의 에너지 수준이 어느 정도일지 현실적으로 가늠했고 그에 따라 몇 건의 거래만 입력하는 전략을 마련했다. 밤 10시에 40건의 주문을 넣기는 현실적으로 불가능했기에 잠재 수익의 일부를 포기했다. 수익을 극대화하려 하기보다 전략을 충실히 따르는 편이 유익했다. 그렇게 해도 그는 분명 뛰어난 성과를 거둘 것이다. 그뿐만 아니라 그 덕분에 그는 자신이 전략을 꾸준히 따르리라 확신할 수 있었다.

경제적인 자유를 제공할 전략을 완성하고 나면 성가신 잡음을 차단하고 자기 삶을 살아갈 수 있다. 아침에 일어나 바다에서 수영할 수도, 아이들을 학교에 태워다 주고 배우자와 침대에 누워 있을 수도, 스키든 등산이든 스카이다이빙이든 흥미진진한 취미를 즐길 수도 있기 때문에 시장에서 짜릿한 흥분을 찾을 필요가 없다. 이 책에서 소개하는 전략은 백테스트뿐만 아니라 나와 내 고객이 실제로 경험한 결과를 통해 검증되었다.

그런데 이 책에 담긴 전략은 훌륭하기는 해도 개개인에게 최적화되고 맞춰진 것이 아니다. 주식매매에 전념하며 최고의 성과를 원하는 사람은 TradingMasterySchoo.com을 방문하여 자신만의 전략을 단계별로 설계하라. 우리는 기량이 뛰어나고 열의 있는 사람들에게-동영상 강좌부터 인기 높고 경쟁이 치열한 엘리트 멘토링(Elite Mentoring) 프로그램에 이르기까지-다양한 프로그램을 제공한다.

백테스트 결과와 실제 성과가 일치할 때 그 매매 전략은 과학적으로 충분히 검증되었다고 볼 수 있다. 우리가 제안하는 방식은 인간과 경쟁이 되지 않는 고성능 컴퓨터를 통해 수행하는 고빈도 매매가 아니다. 간단하고 검증되었으며 수십 년 동안 좋은 성과를 거두었을 뿐 아니라 내가 이 책에서 요약한 대로만 하면 앞으로도 계속해서 효과를 발휘할 매매 전략이다. 사전 작업에 노력을 기울이고 스스로에게 솔직해져라. 자신의 전략을 믿고 자유를 즐겨라.

제15장

다음 단계로의 성장

마지막 단계가 가장 중요하다. 바로 행동을 취해야 한다는 점이다!

시장에서 성공하는 비결은 지금까지 알아본 정보를 실행에 옮기는 것이다. 자신의 선호도를 바탕으로 정보를 실제 주식매매에 적용하라는 이야기다.

배운 내용을 주식매매에 적용하여 경제적 자유라는 다음 단계에 도달하는 방법은 여러 가지다.

1. 내 회사인 퍼펙트 익제큐션스(Perfect Executions)를 이용하라. 우리는 두 가지 방법으로 고객을 돕는다.

   a. 우리는 이 책에 언급된 전략을 그대로 활용하여 고객 대신에

주식을 매매한다.

우리는 다 함께 전략의 정확한 배분, 리스크 수준, 포지션 규모를 결정한 다음에 고객의 주식매매를 전부 도맡는다. 따라서 고객은 주식을 직접 매매할 필요가 없다. 고객의 감정이 개입될 우려가 전혀 없다. 고객은 직접 일할 필요 없이 느긋하게 지내면 된다.

b. 우리는 (책에서 소개된 전략이 아니라) 고객의 선호도와 요구를 반영하여 고객 개개인에게 맞춤화된 전략을 설계하기도 한다.

이때 역시 리스크 수준과 포지션 규모를 결정한 다음에 고객을 대신해 처음부터 끝까지 전략을 실행한다.
더 자세한 정보는 우리 웹사이트(www.PerfectExecutions.com)에서 확인할 수 있다.

2. 본격적으로 일류 트레이더가 되고 싶은 사람은 내가 운영하는 트레이딩 마스터리 스쿨의 엘리트 멘토링 프로그램에 지원해도 된다. 그곳에서 당신은 극도로 열의에 넘치는 트레이더들과 나란히 자신만의 매매 전략, 좀 더 구체적으로는 자기 성격, 생활방식, 리스크 감내 수준에 딱 맞으며 서로 연관되지 않은 전략 세트를 구축할 수 있을 것이다. 우리는 수강생들이 모든 것을

익힐 수 있도록 단계별로 돕는다. 수강생은 평생 써먹을 수 있는 완벽한 전략을 지닌 채로 프로그램을 이수하게 된다.

당신이 선호하는 것이 데이트레이딩이든 스윙 트레이딩(swing trading, 가격 변동 주기에 따라 트레이딩하는 기법-역주)이든 추세추종이든 통합된 방식이든 우리는 당신과 함께 당신에게 가장 적합한 방식을 찾고 해결책을 설계할 것이다.

트레이딩 마스터리 스쿨의 엘리트 소프트웨어-내가 내 전략을 개발할 때 활용한 바로 그 소프트웨어-를 사용할 수 있는 권한은 엘리트 멘토링 수강생들에게 독점적으로 제공된다.

추가 정보는 트레이딩 마스터리 스쿨의 웹사이트(https://trading-masteryschool.com/elite-mentoring-program)에서 확인할 수 있다.

부록

1. 미국주식을 대표하는 지수

S&P 500 지수

국제 신용평가기관 스탠다드 앤 푸어스(Standard & Poor's)사가 작성하는 지수로 뉴욕증권거래소에 상장된 대형 기업 500개의 주식으로 구성되어 있다. 1923년에 처음 공개, 1957년에 500종목으로 확대되어 현재에 이르렀다. 지수 산정은 비교시점의 주가에 상장주식수를 곱한 전체 시가총액과 기준시점의 시가총액을 대비하여 산정한다. 애플, 아마존, 페이스북, 월마트 등 각 산업별 업종으로 고르게 구성되어 있다.

* 이해를 돕기 위한 것으로 수치와 내용은 단순 참고용입니다.

다우존스 산업평균 지수

다우존스 산업평균(Dow Jones Industrial Average) 지수는 1896년 월스트리트저널의 편집자 겸 다우존스 앤 컴퍼니의 공동 창립자인 찰스 다우가 개발한 주가지수이다. 뉴욕증권거래소에 상장된 우량기업 30개의 주식으로 구성되어 있다. 개별 기업의 수익률 총합을 총 기업수로 나누는 수익률 평균 방식을 지수를 사용한다. 3M, 아메리칸 익스프레스, 애플, 보잉, 코카콜라, 골드만삭스, 마이크로소프트 등의 기업으로 구성되어 있다.

나스닥 100 지수

나스닥 100(NASDAQ 100) 지수는 나스닥에 상장된 우량 기업 중 기술주를 중심으로 선정된 100개의 기업으로 구성되어 있다. 시가총액 기준 세계 2위의 증권거래소로 미국의 벤처기업들이 자금 조달을 쉽게 할 수 있도록 시스템을 표방한다. 주로 인텔, 구글, 애플 등 IT 회사들이 주를 이루고 있다.

러셀 2000지수(Russell2000)

1984년 미국의 유명 투자사인 러셀 인베스트먼트가 창안해 시작된 지수로 2,000개의 중소형주로 구성되어 있다. 글로벌 기업보다 미국 내수 관련 기업이 많아 경기 민감도가 높은 종목이 대부분이므로 미국 경기의 지표로 불린다.

2. 미국의 증권거래소

뉴욕 증권거래소 (NYSE)

뉴욕 기반 증권거래소로 시가총액 기준으로 세계에서 가장 크다. 상장조건이 까다로워 일정규모 이상의 기업만 상장하며 우리의 코스피 시장과 동일하다.

나스닥 (NASDAQ)

장외시장이었으나 폭발적인 성장으로 장내 시장으로 인정받는다. 미국 벤처기업들의 자금 조달을 쉽게 할 수 있게 시스템을 갖춘 시가총액 세계 2위 거래소이다. 우리의 코스닥 시장과 유사하다.

아메리카 증권거래소 아멕스(AMEX)

거래금액은 뉴욕 증권 거래소의 10분의 1 정도나, 미국 제2의 거래소라 불린다. 주로 작은 규모의 회사들이나 막 시작한 회사들이 상장하기에 쉽다. 성장 가능성이 있는 중소기업들의 시장으로 불린다. 우리의 코넥스 시장과 동일하다.

3. 미국주식투자를 위한 금융정보 포털

1. 야후 파이낸스 (finance.yahoo.com)

해외 주식 종목에 대한 정보를 얻을 수 있는 가장 대표적인 사이트. 종목에 대한 기본적인 정보 뿐만 아니라 관련 뉴스, 분석 등을 종합적인 조회 가능.

2. 인베스팅닷컴 (investing.com)

실시간 해외 주식 가격 및 관련 정보를 제공 사이트. 한국어 지원. 경제 지표 이벤트 알람 수신 가능.

3. 핀비즈 (finviz.com)

개별 주식 정보 및 맵 정보 제공. 시가총액에 따른 크기 구분으로 시장 내 대표 종목, 대형주, 중소형주의 현재 가격 현황 확인 가능.

4. 트레이딩 이코노믹스 (tradingeconomics.com)

각 국가별 주요 경제 지표 제공. 경제 성장율, 고용 지표 등의 경제 지표 및 주요 이벤트에 대한 정보도 제공.

5. 위불 (www.webull.com)

종목 관련 정보를 제공 및 매매 가능 매수자들의 매수 가격 분포도 제공.

4. 2005~2020년 S&P 500부문 연간수익률

Annual Returns of S&P 500 Sectors from 2005-2020

	Symbol	2005	2006	2007	2008	2009	2010	2011	2012	2013	2014	2015	2016	2017	2018	2019	2020	16-Year Return
Vanguard S&P 500 ETF	VFINX/VOO	4.77	15.64	5.39	(37.02)	26.49	14.91	2.09	15.98	32.33	13.63	1.35	11.93	21.78	(4.42)	31.46	18.35	9.51
11 Sectors of the S&P 500 Index (as represented by Vanguard sector ETFs)																		
Vanguard Information Technology	VGT	2.89	8.95	15.00	(42.83)	61.74	12.74	0.52	14.05	30.91	18.01	5.02	13.73	37.07	2.52	48.68	45.94	14.45
Vanguard Health Care	VHT	8.24	6.62	7.80	(23.50)	22.01	5.75	10.57	19.10	42.67	25.38	7.22	(3.33)	23.34	5.55	21.97	18.21	11.40
Vanguard Consumer Discretionary	VCR	(4.22)	16.52	(11.53)	(38.00)	46.52	30.57	3.71	24.72	43.57	9.39	6.35	6.64	22.83	(2.26)	27.55	48.22	11.99
Vanguard Communication Services	VOX	1.92	36.65	5.49	(38.85)	29.65	19.65	(2.25)	16.54	24.32	3.98	2.72	22.56	(5.55)	(16.52)	28.03	28.95	7.88
Vanguard Financials	VFH	6.07	19.25	(17.42)	(49.09)	14.81	14.74	(14.35)	26.26	33.00	13.95	(0.46)	24.69	20.07	(13.46)	31.62	(2.10)	4.12
Vanguard Industrials	VIS	5.31	15.15	13.52	(40.01)	22.39	27.09	(2.20)	17.09	41.93	8.51	(3.58)	20.37	21.50	(13.92)	30.13	12.29	9.08
Vanguard Consumer Staples	VDC	3.95	15.81	12.92	(16.95)	16.95	14.44	13.63	11.07	27.99	15.79	6.00	6.31	11.81	(7.72)	26.06	10.92	10.00
Vanguard Utilities	VPU	14.75	21.58	17.15	(28.06)	11.45	6.95	18.91	1.95	14.93	26.92	(4.83)	17.52	12.51	4.43	24.92	(0.84)	9.11
Vanguard Materials	VAW	3.71	19.50	26.42	(46.55)	51.63	24.33	(9.45)	17.26	24.92	5.90	(10.12)	21.43	23.66	(17.37)	23.58	19.41	8.43
Vanguard Real Estate	VNQ	12.00	35.20	(16.38)	(36.98)	29.76	28.44	8.62	17.67	2.42	30.29	2.37	8.53	4.95	(5.95)	28.91	(4.72)	7.23
Vanguard Energy	VDE	39.05	18.98	34.87	(39.31)	24.90	21.09	2.80	3.46	25.78	(9.92)	(23.22)	28.96	(2.40)	(19.91)	9.32	(33.04)	2.12
# of sectors funds outperforming VOO		6	7	7	4	6	7	5	7	4	6	5	7	5	5	5	4	4

(출처: https://www.etf.com/sections/etf-strategist-corner/sector-sector-sp-500)

5. S&P 500 섹터별 구성 비중

Sector Allocations in the S&P 500 Index(2020. 12.31 기준)

S&P 500 Index Sectors	Current Sector Weight
Information Technology	27.6%
Health Care	13.5%
Consumer Discretionary	12.7%
Communication Services	10.8%
Financials	10.4%
Industrials	8.4%
Consumer Staples	6.5%
Utilities	2.8%
Materials	2.6%
Real Estate	2.4%
Energy	2.3%

(출처: https://www.etf.com/sections/etf-strategist-corner/sector-sector-sp-500)

6. S&P500 섹터 구성

1. IT

하드웨어 기기, 반도체, 소프트웨어 기업이 포함된 섹터. 마이크로
소프트(코드: MSFT), 애플(AAPL), 엔비디아(NVDA) 등.

2. 헬스케어

제약, 바이오, 의료 기기가 포함된 섹터. 존슨앤존슨(JNJ), 암젠
(AMGN), 메드트로닉(MDT) 등.

3. 금융

은행, 증권, 보험사 섹터. 제이피모건(JPM), 골드만삭스(GS) 등.

4. 커뮤니케이션 서비스

소셜 미디어, 통신, 미디어 기업이 포함된 섹터. 통신 섹터에 미디
어 기업들이 포함되어 2018년에 섹터 신설. 페이스북(FB), 알파벳
(GOOGL), 디즈니(DIS), AT&T 등.

5. 임의소비재

유통, 스포츠웨어, 자동차 기업이 포함된 섹터. 아마존(AMZN), 나
이키(NKE), 제네럴모터스(GM) 등.

6. 산업재

항공기, 기계, 군수기업이 포함된 섹터. 보잉(BA), GE(GE), 록히드마틴(LMT) 등.

7. 필수소비재

식품, 생필품, 식료품 유통 업체 포함 섹터. P&G(PG), 월마트(WMT), 코스트코(COST) 등.

8. 에너지

정유, 원유/가스 시추 기업들이 포함된 섹터. 엑손모빌(XOM), 쉐브론(CVX) 등.

9. 유틸리티

전력, 발전소 등이 포함된 섹터. 넥스트라 에너지(NEE) 등.

10. 부동산

REITs 기업들이 포함된 섹터. 아메리칸 타워(AMT), 프로로지스(PLD), 웰타워(WELL) 등.

11. 소재

화학, 광산 기업이 포함된 섹터. 듀퐁(DD), 다우(DOW), 프리포트맥모란(FCX) 등.

7. 용어 정리

- MDD : maximum drawdown, 고점 대비 최대 손실 폭
- **가치분석** : Value Analysis, 기업의 재무제표를 분석하여 그 주식이 갖는 본질적 가치를 산출하고 이를 시장에서 형성되는 실제 주가와 비교하여 주식을 매수 또는 매도의 판단자료로 이용하는 분석
- **고빈도 매매** : high frequency trading, 알고리즘 매매의 일종으로 초단타 매매라고도 함
- **그로스 익스포저** : gross exposure, 총 노출, 포트폴리오 중에서 시장 위험에 노출된 명목 가치
- **기술적 분석** : technical analysis, 차트분석. 과거의 가격, 거래량, 신용거래 상황 등 시장 내부요인에 관한 기록을 도표화하고 이를 분석, 증권 가격 동향 판단 활용.
- **데이트레이더** : day trader, 하루하루 차트를 보며 단타 매매를 하는 사람
- **데이트레이딩** : 하루 단위의 매매 방식으로 주식의 하루 가격 움직임을 이용해서 매매차익을 내는 것을 목적으로 이루어지는 거래
- **동전주** : penny stock, 주가가 5달러 미만인 주식
- **되돌림** : pullback, 지속적인 상승세의 반작용으로서 주가가 일시적으로 하락하는 것
- **드로다운** : drawdown, 고점 대비 손실
- **롱 포지션** : long position, 매입액이 매도액을 초과하는 매입 초과 포지션

- 매몰 b﹍ 오류 : sunk cost fallacy, 이미 지불한 비용에 대해 비합리
  적으로 집착하는 현상
- 모멘텀 : momentum, 주가가 얼마나 상승하거나 하락할지 추세의
  가속도를 나타내는 지표
- 바운스 백 : Bounce Back, 반등. 추세 하락 도중에 추세와 반대 방
  향으로 일정 정도 오르는 것.
- 백테스트 : backtest, 자신의 투자 전략을 과거 데이터로 검증해보
  는 것
- 셋업 : setup, 일정 조건이 충족될 때 실행되는 가거래
- 쇼트 포지션 : short position, 매도 초과 포지션
- 스윙 트레이딩 : swing trading, 가격 변동 주기에 따라 트레이딩하
  는 기법
- 스윙매매 : 주식 매수 후 2~5일 정도 주식을 보유하는 매매 방법
- 스캘핑 : 몇 초, 몇 분 단위 매매 방식. 초단기 매매
- 스톱 주문 : stop, 주식이 조건에 명시된 가격으로 시장에서 거래될
  때 실행되는 주문
- 슬리피지 : slippage, 원하는 가격에 주문이 체결되지 않는 경우
- 오실레이터 : oscillator, 어떤 범위 내에서 진동하면서 과매수나 과
  매도 정도를 표시하는 기술 분석 지표
- 오픈 포지션 : open position, 매입 초과 또는 매도 초과 상태에 있어
  손실 위험에 노출된 포지션
- 익스포저 : exposure, 리스크에 노출된 자산 금액

- 인버스 ETF : inverse exchange-traded fund, 의 상장지수. 지수가 하락하면 수익률이 오르도록 설계된 상품.

- 클로징 : Closing, 청산, 클로즈 포지션(Close Position). 보유하고 있는 거래(매도, 매수)와 같은 수량을 반대 방향으로 체결함으로써 보유 포지션을 종료시키는 것.

- 턴어라운드 : Turnaround, 기업의 실적이 개선되어 흑자전환이 예상되는 기업의 주식.

- 트레이딩 계정 : trading book, 단기간 내에 매매가 가능한 금융상품으로 구성된 포트폴리오

- 펀드멘탈 : fundamental, 시장이나 기업의 근본적인 조건. 재무건전성, 실적 성장성 등 기업이 얼마나 안정적인가를 나타낼 때 사용하는 용어.

- 평균 거래 가치 : average dollar volume, 주가와 1일 평균 거래량을 곱한 수치

- 평균 실질 범위 : average true range, 변동성 지표 중 하나로 실제 가격 변동폭의 평균값

- 포지션 사이징 : position sizing, 포지션 규모 정하기

- 풀백 : Pull Back, 조정. 상승 도중에 추세와 반대 방향으로 일정 정도 내리는 것

- 프로그램매매 : program Trade, 미리 입력된 프로그래밍을 통해 일정 단위로 일시, 대량으로 자동매매하는 방식

- 헤지 : hedge, 자산의 가치 하락을 막는 보호 장치

Last : 목표 주가

52Week Range : 52주 변동치

52W High : 52주 최고가

52W Low : 52주 최저가

52W Range : 52주 평균주가

Assets : 자산, liabilities+Stockholders equity

ATR : 14일 변동성

Avg. Volume : 평균 거래량

Beta Ratio : 시장 평균 변동률

Book/sh(mrq) : 주당 장부가치

Cash/sh(mrq) : 주당 현금

Chart Events : 전문가의 향후전망(Bearish 비관적/Bullish 낙관적/

   Neutral 중립적)

Cost of Revenue : 매출원가

Current Assets : 유동자산

Current Liabilities : 유동부채

Current Ratio : 유동비율, Current Assets÷Current Liabilities

Day's Range : 하루 변동치

Debt/Eq : 전체부채비율

Dividen % : 배당률

Earnings Date : 실적발표일

Employees(full time) : 정규직 근무자 수

Enterprise Value : 기업가치

EPS(Earning Per Share) : 한주당 순이익

Ex-Dividend Date : 배당락일

Fair Value : 공정가치(Overvalued 고평가, Near fair value 적정평가,
　　Undervalued 저평가)

Float : Floating Share, 일반인들이 매수할 수 있는 주식

Forward Dividend & Yield : 배당금 & 배당율

Forward P/E : 향후 12개월 Earning 예상치와 주가 비교

Gross Profit : 매출총이익. Total Revenue - Cost of Revenue

Income(ttm) : 과거 1년 순익, 순이익

Inst Own : 기관 보유율 %

LT Debt/Eq : 장기부채 비율

Market Cap(Market Capitalization) : 시가총액. 주식가격×총발행주식 수

Net Income : 순수익

Open : 시작가

Operating Income : 영업이익, Gross Profit-Operating Expenses

Operating Margin : 영업이익률, Operating Income÷Revenue

Option able : 옵션거래 가능

P/B(PBR) : 주가순자산비율

P/C : 주가현금비율

P/E(PER) : 주가수익비율

P/FCF : 주가/잉여현금 흐름

P/S(PSR) : 주가매출비율

Payout : 배당성향

PEG Ratio(Price/Earning To Growth Ratio) : 주가수익성장비율

Perf Week : 1주간 주가변동률

Previous Close : 전일 종가

Price/Book(MRQ) : Price To Book (Most Recent Quarter) 주가 순자
산 비용

Price/Sale(TTM) : Price To Sales(Trailing Twelve Month) 주가 매출
액 비율

Price : 현재가

Profit Margin : 순수익률, Net Income÷Revenue

Quick Ratio : 당좌비율

Recom : 애널리스트 추천지수

Rel Volume : 상대 거래량

Return On Assets(ROA) : 자산수익률, Net Income÷Assets

Return On Equity(ROE) : 자기자본이익률

Return on Investment(ROI) : 투자수익률

Sales Q/Q : 분기 성장매출 비율

Sales(revenue ttm) : 과거 1년 매출

Shares Outstanding : 총발행주식

Short Float : 공매도 주식수량

Short Ratio : 공매도 비율, Number of Shares Sold Short÷Average

Daily Volume

Shortable : 공매도 가능

Shs Float : 유통주식 수

Shs Outstand : 발행주식 수

SMA20 : 20일 이동평균선 수치(SMA50, SMA200)

Target Price : 목표 주가

Total Debt/Equity : 자산수익률, Liabilities÷Equity

Total Revenue : 총 매출

Trailing P/E : 이전 12개월 수익과 주가 비교

Volatility(week, month) : 변동성(주/월)

Volume : 거래량

저자에 대해

로런스 벤스도프(Laurens Bensdorp)는 트레이딩 마스터리 스쿨의 창업자이자 최고 경영자이다.

벤스도프는 젊은 시절에 전 세계를 여행하면서 급류 래프팅 강사들을 대상으로 강사의 지도 능력과 전반적인 수행 능력을 키워주고 비상시의 대처 계획을 세워주었다. 벤스도프의 교육을 요청하는 수요는 무척 높았으며 그는 독일, 오스트리아, 터키, 이스라엘, 도미니카 공화국, 코스타리카, 칠레에서 일했다.

1998년 벤스도프는 멕시코에서 모험 여행사를 창업했으며 2000년에는 자신의 지분을 높은 가격에 매각했다.

2000년 벤스도프는 네덜란드의 소규모 벤처캐피탈의 운영자로 채용되어 금융계 경력을 쌓기 시작했으며 금융 상품을 거래하고 주식시장을 앞지르는 일이 자신의 천직이라는 사실을 깨달았다. 그는 회사의 투자 자산 일체를 관리하기 시작했고 첫 조치로서 회사의 리스크

프로파일을 낮췄다. 벤처캐피탈사 운영은 벤스도프에게 값진 배움의
기회를 제공했다. 그러나 기업 환경은 그의 성향에 맞지 않았다.

그때 이후로 벤스도프는 개인 시간의 상당 부분을 할애하여 금융
상품 거래와 리스크 관리를 독학했다. 몇 년 동안 부단히 일한 끝에
벤스도프는 자기 성격, 생활방식, 신념에 부합하는 매매 방식을 개
발했다.

벤스도프는 그 후 수익을 극대화하면서도 리스크를 최소화하고 관
리 시간을 0으로 만드는 자동화 알고리즘 기반의 투자 플랫폼을 개
발하는 데 10년을 쏟아부었다. 2006년부터는 가족의 주식 계좌로 거
래하여 막대한 수익을 얻었다.

벤스도프는 세계적인 투자 전문가 반 타프(Van Tharp)의 저서『매
트릭스를 넘어서 투자하라(Beyond the Matrix)』에 소개되는데 이
책에서 자신이 어떻게 실패한 트레이더에서 성공한 트레이더로 거

듭났는지 그 비결을 설명했다.

주식매매를 하지 않을 때는 가족과 함께 여행, 와인 수집, 스키, 해변 산책을 즐긴다.

또한 아내와 함께 '알벤코 재단'을 설립하여 콜롬비아의 저소득층 학생들에게 교육과 자립의 기회를 제공하고 있다.

벤스도프는 소프트웨어와 인터넷만 있으면 어디서든 주식을 매매할 수 있기 때문에 거주지를 원하는 대로 선택할 수 있다. 그는 11개국에 거주했고 5개 언어를 구사하며 현재는 스페인 남부에서 가족과 함께 살고 있다.

독자에게 제공하는 선물

내 책을 읽은 독자에 대한 감사의 뜻으로서 동영상 강좌의 링크를 제공한다. 개별 전략의 조건과 특성을 상세히 다루고 차트와 통계 자료를 좀 더 심층적으로 설명하는 강좌다.

웹사이트(https://tradingmasteryschool.com/book-offer)를 방문 하면 된다.

하루 30분 미국주식 대박나기

초판 발행 2021년 6월 10일

지은이 로런스 벤스도프
옮긴이 서정아

펴낸이 김채민
펴낸곳 힘찬북스
등록 제410-2017-000143호
주소 서울특별시 마포구 망원로 94, 301호
전화 02-2272-2554
팩스 02-2272-2555
이메일 hcbooks17@naver.com
ISBN 979-11-90227-14-8 03320

값 17,000원